聴《きく》議長室から

大柴譲治［著］
George J. Oshiba

LITHON

本書を二人の母

大柴　節子

金《きむ》　福欄《ぼくらん》

に捧げる

目次

総会議長に選出されて

大柴 譲治

このたび立山忠浩議長の後を受けて総会議長に選出され、その重責に怖れとおののきを抱いています。担当する大阪教会ではちょうど五月よりヨナ書の聖研が始まりましたが、ヨナのように逃げ出したい気持ちもあります。しかし、総会での就任式の際に背後から力強く響く会衆の歌声『力なる神はわが強きやぐら』に押し出されるようにして覚悟を決めました。「主の山に、備えあり（イエラエ）」（創世記二二・一四）という言葉と「わが恵み、汝に足れり」（二コリント一二・九）というみ言葉に拠り頼みながら、共に選出された永吉秀人牧師、滝田浩之牧師、木村猛さん、古屋四朗さん、伊藤百代さん、五教区の新常議員、事務局の皆さんとその責任を担ってまいりたいと思います。どうか皆さまの日々の祈りに覚えてください。復活の主の洗足の模範に倣いつつ、心を込めて神と隣人とに仕えてゆきたいと願っています。よろしくお願いいたします

（二〇一八年六月号）

王なる神に聴《き》くという信仰の基本姿勢

「共感的な受容と傾聴」。カール・ロジャースの有名な言葉ですが、この態度が対人援助職では基本となります。私は一信仰者としてもこの姿勢を大切にしたいと考えてきました。

神学生時代、飯田橋のルーテルセンターで「いのちの電話」のボランティア訓練を受けた時に、斎藤友紀雄先生から「聴く」ことの大切さを学びました。「聞く」という字とは異なり、「聴く」とは「耳に十四の心」と書きます。既に三十五年以上経っているのですが、「そのくらい丁寧に、心を配りながら相手の声に耳を澄ませることが大切」という先生の声は今でも私の耳の中に響き続けています。

五年ほど前のことですが「聴」には「聽」という旧字体があることを知りました（NHK『こころの時代』）。「耳」の下に「王」という字があり、数字の「四」だと思っていたのは実は「目」が横になっている姿であると知り、ストンと腑に落ちました。すなわちそれは、「耳と目と心を一つにし、それらを十全に用いて王なる者の声を聽け」という意味だというのです。私はその「十」という字に「十字架の主に従う」という意思をも重ねたいと思います。

旧約聖書の申命記六章四節には、有名な「シェマー、イスラエル」という語があります。四節と五節を読んでみましょう。「聞け、イスラエルよ。我らの神、主は唯一の主である。あなたは心を尽くし、魂を尽くし、力を尽くして、あなたの神、主を愛しなさい」。私としてはここに「聴け」という字を当てたいのです。神のみ言葉に聴くことを第一にしながら、耳と目と心を尽くして王なる神の声（み言葉）に耳を澄ませてゆきたいと思います。

五月の全国総会で立山忠浩前議長の後任として総会議長に選出されました。相応しくない者を神はその恵みによって選び立て、その御用のために用いてゆかれるのだと信じます。「主の慈しみは決して絶えない。主の憐れみは決して尽きない。それは朝ごとに新たになる。『あなたの真実はそれほど深い。』」（哀歌三・二二～二三）とある通りです。皆さまとご一緒に主のみ言葉に忠実に聴き従ってまいりたいと思いますので、どうかよろしくお願いいたします。

（二〇一八年八月号）

二人または三人が集まるところには

「二人または三人がわたしの名によって集まるところには、わたしもその中にいるのである」と主イエスは言われました（マタイ一八・二〇）。主は二、三人という小さな交わりの中にもご臨在を約束してくださっています。このみ言葉に慰められ励まされてきた方は少なくないことでしょう。特に地方において少人数で礼拝を守っている教会にとって、このみ言葉は切実です。自分たちの教会はこれからどうなってしまうのだろうかという先の見えない不安がおありかもしれません。しかし主は小さな群れの中にも必ず共にいてくださるのですから、心配はいりません。教会（エクレシア）とは建物や制度ではなく、イエスによって呼び集められた聖徒の群れのことです。教会は基本的には「人」なのです（もちろん建物や制度も大切ですが）。アウグスブルク信仰告白の第七条に「教会は聖徒の群れであって、そこにおいて福音が純粋に説教され、サクラメント（聖礼典）が福音に従って正しく執行される」とある通りです。

六月三十日にユネスコは「長崎と天草地方の潜伏キリシタン関連遺産」を世界遺産とすることを決定しました。初代教会や日本の潜伏キリシタンたちは厳しい迫害下、礼拝堂のないところに秘かに集まってみ言葉とサクラメントを分かち合いながら、その信仰を守り続けたのです。二人または三人がキリストの名によって集まる中、生ける復活のキリストの現臨（リアル・プレゼンス）が信仰者たちを根底から支え続けたのです。

七月十日から十二日までの三日間、教区長会で北海道特別教区の帯広教会（宣教開始一九七七年）、池田教会（同一九五六年）、釧路教会（同一九六六年）を訪問してきました。これまで多くの信徒・教職がその貴い信仰の歴史を刻んできたことを説教台や洗礼盤、壁に飾られた写真やみ言葉は証ししていました。

ここの教会は現在は組織的に帯広教会に属する帯広礼拝堂、池田礼拝堂、釧路礼拝堂となっています（主任は岡田薫牧師）。これらの教会との関わりを熱い思いをもって思い起こす教職・信徒、「北伝推」参加者なども少なくないことでしょう。建物の維持管理が困難となる中、帯広教会は池田礼拝堂と釧路礼拝堂を閉じるということを、何年ものプロセスを経て、祈りをもって決断しました。今後は家庭集会というかたちで信徒を定期的に訪問して礼拝を守り続けることを選択されたのです。これも一つの「リ・フォーメイション」です。

二人または三人を大切にしてくださる復活の主が、関係者のお一人おひとりの上に、その恵みと祝福を豊かに注いでくださるように心からお祈りいたします。

（二〇一八年九月号）

か・え・な・い・心

各地で災害が続いていることに心を痛めています。尊い命を奪われた方々、被災された方々、救援活動に関わる方々のために、ご一緒に祈りを合わせたいと思います。

二〇一四年の春から私は上智大学グリーフケア研究所に関わらせていただいています。それは二〇〇五年四月に起きたJR福知山線脱線事故を契機に設置された研究所で、グリーフ（悲嘆）を抱える方々のためグリーフケア・スピリチュアルケアの専門家を養成するための研究所です。私は自分の専門である臨床牧会教育（CPE）の立場からスーパーバイザーの一人として現在は大阪のサテライトに関わっています。ケアをするためにはまず自らがケアされる経験が大切なのですが、自分が生育歴で体験してきた「悲嘆」を深く見つめてゆく必要がある。それを共感的な受容と傾聴を基調とするグループの中で共有してゆくのです。このことについては別の機会に記したいと思いますが、今回は昨年七月に百五歳で召された、長く研究所の名誉所長を務められた日野原重明医師の言葉をご紹介したいと思います。それは「か・え・な・い・心」という対人援助職の基本姿勢です。

「か・え・な・い」とは「かざらず、えらぶらず、なぐさめず、いっしょにいる」ことです。悲嘆体験は人の五感を研ぎ澄ませてゆきますから、悲嘆者は相手がどのような姿勢で自分に向かい合ってくるのかを敏感に察知します。そのためにまず、飾らず正直に相手に向かい合う真摯さが求められます。そしてそこでは偉ぶらず上から目線でなく、謙虚に相手に向かい合うことが求められます。

三番目の「慰めない」という言葉に私は一番ハッとしました。相手は慰めのないところで悲しんでいるのです。それにもかかわらず、私たちはすぐに慰めの言を求めてしまいます。安易な慰めに逃げようとしているのはこの私自身かもしれません。深い「沈黙」の中で自分の無力さを感じながら、相手と一緒にそこに留まり続けることが求められています。最後の「いっしょにいる」を私は「相手と息を合わせる」という意味で理解しています。聖書でspiritは「息」とも「霊」とも「風」とも訳されますが、スピリチュアルケアとは実は「神の息による呼吸のケア」でもあるのです。「喜ぶ者と共に喜び、泣く者と共に泣きなさい」（ローマ一二・一五）と聖書にありますが、喜ぶ者には喜びの息があり、悲しむ者には悲しみの呼吸がある。自他の呼吸を意識しながら相手と呼吸を合わせて、慰めの主である聖霊の臨在を祈りつつ、主イエスがそうであったように、私たちは悲しみの中に降り立ってその人と一緒にい続けるのです。この「か・え・な・い・心」を大切にしながら、今ここを生きてゆきたいと願っています。

（二〇一八年十月号）

教会は天国に一番近いところ

今年も十一月一日の全聖徒の日を迎えました。私が牧する大阪教会ではイースターと十一月の第一日曜日の二回を、毎年召天者記念主日として守っています。また、イースターの翌週と十一月第二主日の午後には、西教区の能勢記念堂に足を運び墓前礼拝を行っていますので、年に四回は召天者を覚えて礼拝をしていることになります。宣教一〇二年目を踏み出している大阪教会には百人を超える召天者のお写真が納められていて、年に二回はそれを聖卓の前に並べて共に礼拝に与ります。私たちは今は毎週の主日礼拝で聖餐式を行っていますが、キリストの食卓を中心に目に見えるこちら側には私たち生ける者が集い、見えない向こう側は天に召された聖徒の群れが集っていると理解しています。キリストは「生者と死者の双方の救い主」であり、主の食卓は私たちにとって終わりの日の祝宴の先取りであり前祝いでもあるのです。パウロの言う通り、私たちは生きるとすれば主のために生き、死ぬとすれば主のために死ぬ。生きるとしても死ぬとしても、私たちは主のものだからです（ローマ一四・八）。

「教会は天国に一番近いところ」とは、私が初任地の福山で出会った一人の女性信徒の言葉でした。義人ヨブと同じように、その方は「スモン病」のためそれまでの幸せな家庭生活を突然すべて失ってしまいます。絶望の中で彼女は神戸での入院中にキリストと出会い、キリストを自らの救い主と信じてカトリック教会の神父から洗礼を受けられました。やがて彼女は新しいご伴侶と再婚され、福山に居を定められます。車イス協会の会長として活動される中で私は彼女と出会い、福山教会に転入されました。最後はガンのためにこの地上でのご生涯を終えてゆかれることになります。先の「教会は天国に一番近いところ」とはその末期に最愛のご伴侶に対して告げられた言葉でした。

実はそこにはもう一言添えられていました。「だからあなたも洗礼を受けてね。そして教会に行ってね」。その遺言の通り、彼女の死後、ご伴侶は忠実に毎週教会に通い、洗礼を受けられました。やがてそのご伴侶も病いのため天に召され、今はお二人とも主のもとで安らっておられると信じます。地上の教会は天上の教会とつながっています。パウロは「われらの国籍は天にあり」と言いましたが（フィリピ三・二〇）、私たちは今ここで地上と天上の二重国籍を同時に生きています。

私たちは今ここで天とつながる「永遠の今」を生かされている。「わたしは復活であり、命である」（ヨハネ一一・二五）という主の言葉は、キリスト者はその信仰を通して死によっても決して揺らぐことのない「永遠の生命」の中に招き入れられていることを宣言しています。この言葉は復活されたお方しか語り得ない言葉です。主と同じくキリストを信じる者はたとえ死んでも生きる（復活する）し、いつまでも決して死ぬことはありません。十一月という「死者を記念する月」を迎え、ご一緒にそのようなみ言葉の慰めと幸いとを深く噛みしめたいと思うのです。

（二〇一八年十一月）

「初めに言があった。」（ヨハネ一・一）

聖書には二つの「初め」が記されています。創世記とヨハネ福音書の冒頭です。両者とも極めてダイナミックで、味わい深い描写です。これらの言葉は私たちに世界の初めを想起させてくれると共に、私たち人間存在が初めから神の言の中に造られていることを想起させてくれます。聖書によれば、私たちの魂は太初から神の呼びかけに応答するようにと造られているのです。「初めに言があった。言は神と共にあった。言は神であった。この言は、初めに神と共にあった。万物は言によって成った。成ったもので、言によらずに成ったものは何一つなかった」（ヨハネ一・一〜三）。

「言」はいつも「声」によって伝達されてゆきます。声を抜きにして言葉は考えられません。声は言葉を乗せる器であり車なのです。であるとすれば、私たちは先の言葉を次のように読み替えることもできましょう。調べてみるとここで「言」と訳されているギリシャ語の「ロゴス」という単語には「声」という意味もあるようです。

「初めに声があった。声は神と共にあった。声は神であった。この声は、初めに神と共にあった。万物は声によって成った。成ったもので、声によらずに成ったものは何一つなかった」。

私にはこの方がストンと腑に落ちます。私たちを取り囲む現実世界の闇がどれほど深く見えようとも、そこには「光あれ」という太初からの神の声が響いている。どのような時にも私たちは、この神の声に耳を澄ませてゆきたいのです。

アドヴェントを迎えます。クランツの四本のローソクが一本ずつ点されてゆきます。点されるローソクの光が増えてゆく中、私たちは救い主イエス・キリストの到来を待ち望みます。その光は私たちの希望を表しています。

希望がなければ私たちは生きてゆくことができません。闇の中で私たちは、希望の光に向かって目を上げてゆくのです。Lift up your heart! 従って先の言葉は次のように読み替えることもできましょう。「初めに光があった。光は神と共にあった。光は神であった」。お一人おひとりがこの希望の光の中に良きクリスマスを迎えられますようにお祈りいたします。シャローム。

（二〇一八年十二月号）

千年を視野に入れて今を生きる

新年おめでとうございます。一九九二年にヒロシマで開かれた宗教者平和会議での相馬信夫カトリック司教の言葉を思い起こします。司教は一九九三年のＪＥＬＣ宣教百年記念熊本大会のゲストでもありました。司教は「カトリック正義と平和協議会」の会長を務め、一九九一年の湾岸戦争の際には自衛隊機の派遣に反対し民間機をチャーターして、およそ三千人の避難民を母国に移送したことでも知られています。

ヒロシマでの講演を司教は次のような言葉で始められました。「私たち宗教者は二十年、三十年を視野に入れて生きているだけではダメです。一千年を視野に入れて、今を生きなければなりません」。私にとってそれは度肝を抜かれるような、目からウロコが落ちるほど衝撃的で、スケールの大きな言葉でした。

千年を視野に入れて今ここを生きる。具体的にそれが何を意味するのか、以来ずっと考えさせられてきました。それは今この場所で、永遠なるお方（神）とつながって生きるということなのか（「永遠の今」を生きる）。確かに聖書には、「千年といえども御目には、昨日が今日へと移る夜の一時にすぎません」（詩編九〇・四）、「愛する人たち、このことだけは忘れないでほしい。主のもとでは、一日は千年のようで、千年は一日のようです」と記されています（二ペトロ三・八）。そのように神の視点を持ってこの地上を生きるということを意味するのか。

詩編九〇編が告げるように私たちの人生は七〇年ないしは八〇年ほどの儚いものにしか過ぎません。労苦に充ちたこの世の人生においては「瞬く間に時は過ぎ、わたしたちは飛び去ってゆく」（一〇節）のです。モーセと共に私たちも「生涯の日を正しく数えるように教えてください。知恵ある心を得ることができますように」と祈りたいと思います（一二節）。

相馬司教の言葉を思い巡らせることの中で一つ気づいたことがあります。人が活動できる一生を仮に「四〇年」（聖書的な数字ですが）とすれば「千年」は「二十五世代」となる。神はその御心を実現するために、「世代」を超えて私たち一人ひとりをその平和の道具として用いてゆかれるのでありましょう。新年も共に主の御心の実現を祈り求めてゆきたいと願います。皆さまの上に天よりの祝福をお祈りいたします。

（二〇一九年一月号）

向こう側から届けられるものに耳を澄ませる

「目覚めよ、竪琴よ、琴よ。わたしは曙を呼び覚まそう。」（詩編一〇八・三）
「ヨブよ、耳を傾けて、わたしの言うことを聞け。沈黙せよ、わたしに語らせよ。」（ヨブ記三三・三一）

『善の研究』で知られた哲学者の西田幾多郎《きたろう》（一八七〇～一九四五）と金沢の旧制四高で同級生だった鈴木大拙《だいせつ》（一八七〇～一九六六）。大拙は禅仏教学者として世界に英文で禅仏教を紹介した人物としてもよく知られています。彼はまた「二十世紀最大の霊的師父」と目される米国トラピスト会修道士のトマス・マートン（一九一五～六八）とも親交を結んでいました。大拙の高弟のお一人（加藤智見師）から彼の最晩年のエピソードを伺ったことがありました。神学校での教職神学セミナーでのことです。とても印象に残っているのでご紹介したいと思います。

大拙は夜寝る際に自分の枕元に、電気スタンドと紙と鉛筆を用意していたそうです。そして夜寝ていてパッと閃きが与えられると、彼はガバッと床に起きてライトを点け、鉛筆を取って紙にサラサラとそれをメモするのだそうです。そしてメモが終わると再び横になって就寝する。そのようなことが夜の間に何度か繰り返されて、朝になると枕元にメモがたまっている。それがそのまま出版社に回され本になっていったのだそうです。そして大拙曰く、「私は何もしていない。ただ（無の）向こう側から届くものを書き留めているにすぎない」。驚くべきエピソードです。毎週の説教作成で苦労している私としては、何とも羨ましい限りです。

「向こう側から届けられる声」に耳を澄ませること。とても大切なことと思います。私たちが睡眠から目覚める時、それは私たちの意識が戻る時ですが、それはちょうど向こう側から声が聞こえてくるのと同じ状況です。バッハのカンタータではないですが、確かに「目覚めよと呼ばわる者の声がする」のです（BWV 140）。声は言葉を運ぶ器であり、乗り物です。「聽く」という旧字体は、王なる者の声を目と耳と心を一つにしてそれを十全に用いて聴き従ってゆくという意味と以前に申し上げました。睡眠は私たちが脳に蓄えた記憶を整理統合し定着させる役割を持つと言われていますが、私たちもまた力を抜いたかたちで五感を開き、向こう側から届けられるものを耳を澄ませて待ちたいと思います。聖書では夢で神のお告げが伝えられることも少なくはないのですから。もしかすると既に皆さんの中にも、鈴木大拙禅師と同様の体験をお持ちの方もおられるかもしれませんね。

（二〇一九年二月号）

レント断想
――ブルックナーとマーラー

「ところが、徴税人は遠くに立って、目を天に上げようともせず、胸を打ちながら言った。
『神様、罪人のわたしを憐れんでください。』」（ルカ一八・一三）

「ブルックナーは神を見たが、マーラーは神を見ようとした」。これはマーラーの愛弟子であった指揮者ブルーノ・ワルターの言葉で、アントン・ブルックナー（一八二四～一八九六）とグスタフ・マーラー（一八六〇～一九一一）という対照的な作風を持った二人の偉大なオーストリア人作曲家の特質をよく言い表した言葉です。

二人は師弟関係でした。ブルックナーは幼い頃からの敬虔なカトリック信徒で、教会のオルガン奏者。作品はミサ曲などのほかに九曲の交響曲があり、いずれもオルガン的な響きを持ち重厚で規模壮大。それは彼自身の信仰をよく表していて、その音楽には揺れがありません。それに対してマーラーはユダヤ教からカトリックに改宗した作曲家で、生前は優れた指揮者としてヨーロッパ中に名をなした人物です。歌曲や九曲の交響曲、そして交響曲「大地の歌」など、その音楽は華麗なオーケストレーションと、美しい天上の響きがあるかと思うと次の瞬間には苦悩に充ちた不協和音があるというようにダイナミックな揺れ動きでよく知られています。

先の「ブルックナーは神を見たが、マーラーは神を見ようとした」というワルターの言葉は、二人の音楽に対する深い共感に充ちた言葉ですが、言い得て妙であると思っています。マーラーは作曲家としては不遇な生涯を送りましたが、「やがて必ず私の時代が来る」という預言的な言葉を残しています。

北陸の古都・金沢で過ごした学生時代、数こそ多くありませんでしたが私の周囲はブルックナー派とマーラー派とに二分されていました。圧倒的な神存在の栄光を顕現して、動じることのないブルックナーの壮大な音楽と、信仰と疑いの間をダイナミックに揺れ動くアンビバレントな人間の現実に立ちつつ、最後まで永遠なるものを希求し続けたマーラーの音楽。

私はなぜか後者に強く魅かれます。苦しみや悲しみという嵐の中で水に浮かんだ木の葉のように揺れ動く小さな人間存在。神殿から遠く離れた所に立ち、ただうつむいて心痛む胸を打つ以外にはできない自分がいます。「キリエ、エレイソン」。これしか言葉になりません。

時はレント（四旬節）。典礼色は悔い改めを表す紫。主の十字架への歩みを想う四十日間を共に過ごしたいのです。

（二〇一九年三月号）

新しいエクソドス

今年私たちは主日礼拝でルカ福音書を読んでいます。三月三日にはルカ福音書九章から主の山上の変容について学びました。これはイエスが十字架へと具体的に踏み出してゆくタイミングで起こった出来事でマルコにもマタイにも記されていますが、そこにはルカにしかない大事なキーワードが出てきます。ルカはそこで、律法を代表するモーセと預言者を代表するエリヤがイエスと語り合った内容に直接触れているのです。「祈っておられるうちに、イエスの顔の様子が変わり、服は真っ白に輝いた。見ると、二人の人がイエスと語り合っていた。モーセとエリヤである。二人は栄光に包まれて現れ、イエスがエルサレムで遂げようとしておられる最期について話していた」（二九〜三一節）。

ここで「最期」と訳されているのはギリシャ語で「エクソドス（エクス・ホドス）」という語です。新しい聖書協会共同訳では「最後のこと」と訳され、注に別訳として「終幕」とありました。「エクス」とは「〜から外に」を意味する前置詞、「ホドス」とは「道」ですから、原義は「外に向かって出るための道」という意味になります。「突破口」または「脱出路」とも訳せますし、「出発」という意味もあります。英語はExodus。この語を聞いてピンとくる方も少なくないと思います。そうです、「エクソドス」とは「出エジプト（記）」のことを意味しています。つまり三人はここで、エルサレムでイエスが成し遂げられる「最期」を「新しいエクソドス」として話していたというのです。

モーセがイスラエルの民を引き連れ、真っ二つに割れた紅海の底を通って乳と蜜の溢れる神の約束の地に向かってエジプトの奴隷状態を脱出したのが「エクソドス」の出来事でした（出エジプト一四・二一〜二二）。その「古いエクソドス」に対して、イエスの十字架と復活とは「新しいエクソドス」であり、私たちを究極的に罪と死と滅びから解放する出来事であることがここでは宣言されているのです。

確かに、イエスを主と信じ、私たちは「洗礼」という水をくぐって神の約束の地（天）に向かって出発します。それは日々刻々と「天とつながる旅」でもありましょう。それは私たち自身の「荒れ野の四十年の旅」なのです（聖書で四十という数字は人の一生を意味する完全数です）。それは真の神を見失って金の子牛を拝み、エジプトの肉鍋が恋しいと不平不満をもらすような迷い旅であるかもしれません。しかしそのような民を神は見捨てることをせず、日毎のマナと岩清水、そしてうずらをもって過不足なく養ってくださる。神、われらと共にいます、インマヌエルです。復活のキリストに導かれつつ、この旅を皆さまとご一緒に歩んでゆきたいと願っています。

（二〇一九年四月号）

網仕事＝ネットワーク

「話し終わったとき、シモンに、『沖に漕ぎ出して網を降ろし、漁をしなさい』と言われた。シモンは、『先生、わたしたちは、夜通し苦労しましたが、何もとれませんでした。しかし、お言葉ですから、網を降ろしてみましょう』と答えた。そして、漁師たちがそのとおりにすると、おびただしい魚がかかり、網が破れそうになった。」

（ルカ五・四〜六）

「大柴先生、イエスさまがなぜ漁師を最初の弟子とされたかをご存知ですか。」「……？」「漁師は網を仕事道具にしているでしょう。だから主の弟子たちである私たちもまた、『網仕事（ネットワーク）』に従事するように召し出されているのです」。

三月の按手式でも紹介させていただきましたが、これは昨秋、宣教協力五十年を記念してドイツのブラウンシュヴァイク州立教会を訪問した際の、ドイツ人と結婚された一人の日本人女性（Ms. Huwe Hisae）とのやりとりです。ドイツにも日本の宣教のために、長く熱く祈り続けてきてくださったグループが存在します。世界宣教のすべてのパートナーチャーチに対応して、ドイツにはそのような祈りのネットワークがあるのです。その言葉を伺って私の中で「なるほど！」とすべてがストンと腑に落ちました。「わたしについて来なさい。人間をとる漁師にしよう」（マルコ一・一七）という主の召命の全貌が瞬時に分かったように感じたのです。確かにそうですね。私たち弟子の仕事はキリストのセーフティネットワークという網の中に人々をすくい上げる仕事なのです。それは本当の意味で一人ひとりを生かすネットワーク構築の仕事でもある。

日本社会は確かに物質的には豊かになり便利になりました。しかし同時に、社会では多くの人々が孤立感を深めており問題は山積しています。「こころ・魂」に焦点を当てるならば、その飢え渇き（スピリチュアルニーズ）はこれまで以上に大きくなっているように感じます。現在六十一万人もの「中高年のひきこもり」がいると最近報じられました。ＳＯＳを発する声がそこかしこから聞こえてきます。私たちのいのちの網を紡いでゆく務めはさらに重要になっています。既に関わっておられる方も少なくないと思いますが、様々な次元でネットワークの構築が求められています。

夜通し努力したにもかかわらず何の収穫もなく、徒労と失望の中にいた弟子たちに復活の主は命じました。「沖に漕ぎ出して網を降ろし、漁をしなさい」（ルカ五・四）。「沖」とは「さらに深いところ」という意味です。「お言葉ですから」というペトロの言葉には「お言葉ですが」というアンビバレントな気持ちをも感じます。

しかし、主はそのようにためらう私たちを信頼して、その網仕事を託してくださった。そのことを覚えつつ、私たちは今ここを大切に歩みたいのです。

（二〇一九年五月号）

呼吸を合わせてくださる神

「息」という漢字は「自らの心」と書きます。息遣いには自ずとその心が表れるということなのでしょう。自他の呼吸を観察することは、対人援助においてはとても重要なことです。呼吸に意識を向けることで見えてくる次元がある。それは「今、ここ」のリアリティです。通常自分の呼吸音は聞こえません。聞こえていても意識されていないからでしょう。それほどまでに呼吸と意識は一つになっているのです。

ヘブル語でもギリシャ語でも聖書では、「息」という語は「風」とも「霊」とも訳されます。ですから「息」に意識を向けることは、「神の霊」に心を向けることでもあります。

「主なる神は、土の塵で人を形づくり、その鼻に命の息を吹き入れられた。人はこうして生きる者となった」（創世記二・七）。「生きる」と「息する」とは同源語です。赤ちゃんはオギャーと泣く前に、実は一息大きく息を吸い込んでいます。それまで狭い産道の中で圧迫されていた肺が、大きく拡がるためです。そして最初の吐く息で泣き始める。創世記一章をまとめた人たちは、新生児の最初の吸気の中に神の呼気を観て取ったのです。なかなか鋭い観察力だと思います。

神はそのようにご自身の霊を私たちに吹き入れてくださる神なのです。ヘブル語では神を「ＹＨＷＨ

（ヤハウェ）」と「聖四文字」で書きますが、それは「ヤッハッフゥー」という息を吹き込む音から来ているとも言われます（リチャード・グローヴス）。

ちなみに人がこの地上で一番最後にすることは、腹式呼吸か胸式呼吸かでヴァリエーションがあるかもしれませんが、基本的には息をフウーッと吐くことです。息を吸うところから始まった私たちのこの地上での生は、息を吐くところで終わります。その最後の息をも責任をもって引き取ってくださるお方がおられる。それが天の神です。主の十字架上の七番目の言葉もそれを証ししています。「イエスは大声で叫ばれた。『父よ、わたしの霊を御手にゆだねます。』こう言って息を引き取られた。」（ルカ二三・四六。教会讃美歌八六番）。

実は、最初と最後の息だけではありません。私たちの今ここでの一呼吸一呼吸は、神の息とつながっています。インマヌエルの神は私たちと呼吸を合わせてくださる神だからです。月曜日から土曜日までの週日、様々な理由で私たちの呼吸は乱れたり、息詰まったりします。それが礼拝に集うことを通して、讃美歌や式文の交唱、告白や祈りにおいて共に会衆が息を合わせることで、その呼吸は神ご自身の息によって整えられてゆきます。真の安息がここにはある。何という恵み、何という慰めでありましょうか。お一人おひとりの上に天からの風をお祈りしています。

（二〇一九年六月号）

「爲《せ》ん方《かた》つくれども希望《のぞみ》を失はず」（コリント後書四・八、文語訳聖書）

「レジリエンス」という語があります。本来はバネの復元力を意味する語でしたが、そこから「逆境力」とか「折れない心」とも訳されるようになりました。私はそれを自分の中では「七転び八起き」と理解しています。この言葉は一九九五年の阪神淡路大震災以降次第に日本でも用いられるようになってきましたが、特に二〇一一年の三・一一東日本大震災以降は大切な概念として知られるようになりました。しぶとくしなやかに「再起する力」を意味しています。

復活のキリストを信じる信仰は、私たちに究極的なレジリエンスの力を備えてくれると思います。パウロは言います。「わたしたちは知っているのです、苦難は忍耐を、忍耐は練達を、練達は希望を生むということを」（ローマ五・三b〜四）。苦難を耐え抜くためにはどうしても希望が必要です。ヴィクトール・フランクルは言います。強制収容所で最初に倒れていったのは体力のない身体の弱い人たちではなく、希望を見失った人、絶望した人たちであったと（『夜と霧』）。希望がなければ私たちは片時も生きられません。パウロは別の言い方でもそれを表現しています。「爲ん方つくれども希望を失はず」と。なぜか。復活の主が私たちを捉えていてくださるからです。復活されたキリストこそが私たちの希望です。ルターの言うように、「世界を動かす力、それは希望」なのです。

私たちの生きている現実世界では様々なことが起こります。私たちは心が引き裂かれるような悲嘆や断腸の思いを体験します。しかしそのような中にあっても私たちは復活のキリストを見上げるのです。すべてをその希望の光の中で見ることが許されている。それが私たちの慰めです。「地の塩」「世の光」としてのキリスト者の使命とは、この暗い世界の中でこの希望の光を証しし続けることでありましょう。

ある米国人の研究者からレジリエンスには三つの重要な要素があると聞きました。①明るい性格、②一人でもよいから傍に自分の思いをありのまま聴いてくれる人を持つこと、③温かい共同体に所属すること、の三つです。なるほどと思いました。暗い性格よりは明るい性格の方が逆境力は強いでしょうし、自分のありのままを受容してくれる人が傍にいる人の方が、いない人よりもレジリエンスは強いと言えます。互いに厳しく裁き合う集団に属するよりは、相互に支え合う温かな集団に属する者の方がその力は高いことでしょう。そのような意味でも、現代社会の中で私たちの教会が共同体として果たすべき役割は決して小さくないと思います。聖霊なる神がその豊かな力を注ぎ、それぞれの場で私たちを希望の証人として用いてくださいますように祈ります。

（二〇一九年七月号）

「安らかに眠って下さい　過ちは繰返しませぬから」

六月一八日に教師会で福山教会を訪ねました。初任地でしたので懐かしく瞬時に様々なことを思い出しました。福山教会にとっては今回四人の歴代牧師が一堂に会するという歴史的瞬間となりました。松木傑（在任一九七九～八六）、大柴譲治（一九八六～九五）、鈴木英夫（一九九五～二〇〇〇）、加納寛之（二〇一七～現在）という教職が並ぶ姿の中に歴史を貫く神の複数共同牧会の御業が可視的に示されていました。

福山教会聖具庫に一枚の碑文のコピーが飾られていました。「安らかに眠って下さい　過ちは繰返しませぬから」。広島市平和記念公園記念碑の言葉です。それは当時「西教区・平和と核兵器廃絶を求める委員会（ＰＮＤ委員会）」が毎年五月に開催した「広島平和セミナー」の中で得たものでした。これは誰が誰に向かって語った言葉なのか。私はこう思います。「安らかに眠ってください」と祈るのは碑文の前に立つ私たち自身です。そこで覚えられているのは、直接的にはヒロシマ・ナガサキで原爆の犠牲となった人々のことでしょうが、同時に先の戦争で無念のうちに生命を奪われたすべての人を指しています。それは戦争とい

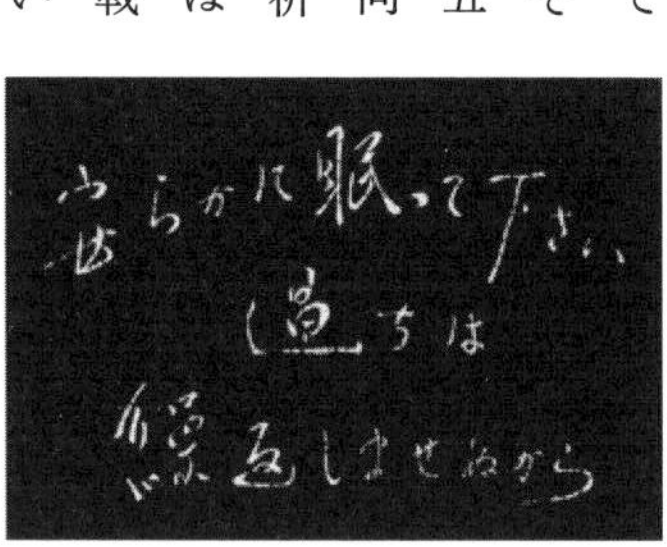

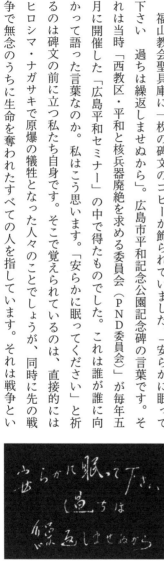

う「過ち」を私たちは決して繰り返さないという「罪の告白」であり、平和と和解の実現のため私たちはその責任を担ってゆきますという「決意の告白」なのです。広島平和セミナーの中で古財克成牧師から「昭和天皇の軍隊」の名の下に行われた太平洋戦争の犠牲者は、「日本では二四〇万人、アジア諸国ではその十倍」と学び、衝撃を受けました。「敗戦記念日」の八月一五日はアジアでは「解放記念日」、韓国では「光復節《カンボクチョル》」と呼ばれます。ＪＥＬＣは今アジア宣教を視野に入れていますが、私たちはアジアの脈絡の中でこれまでの歴史を深く心に刻みつつ、和解と平和の実現のためにキリスト者として託されている使命を担ってゆきたいと願っています。「壁」を作るのではなく「橋」を架けてゆきたいのです。敵意という隔ての中塩を取り除かれた主と共に。

福山教会にて。2019 年 6 月 18 日

　神は人々の「無念の声」に耳を澄ませ、「我が民の叫びを聞けり」と告げてくださいます（出エジプト三・七）。「何ということをしたのか。あなたの弟の血が土の中から私に向かって叫んでいる」（創世記四・一〇）。神は平和のために私たちをどのように用いてゆかれるでしょうか。「安らかに眠ってください　過ちは繰返しませぬから」。初任地以来、この声は私の中で通奏低音のように時空を超えた鎮魂の声として響き続けています。

（二〇一九年八月号）

パラダイムシフト
――コップ半分の水

「ところで、わたしたちは、このような宝を土の器に納めています。この並外れて偉大な力が神のものであって、わたしたちから出たものでないことが明らかになるために。」（二コリント四・七）

「パラダイムシフト」という言葉があります。「それまで（当然と思っていた）考え方や価値観、構造の基本的な枠組みを劇的に別のものに組み替える、シフトさせる」という意味の言葉です。私たちが人生の途上でキリストと出会い、キリストを信じる信仰を神から賜るということもまた、それまでとは全く違った生き方・価値観へと招き入れられるという意味で「パラダイムシフト」でありましょう。それは聖書では「メタノイア（回心・悔い改め）」と呼ばれる出来事と重なります。

例えばここにコップ半分の水があります。「五〇％の水」という現実は一つなのですが、それを受け止める仕方には実は二通りある。五〇％の水を「もはや半分しかない」と見るか、「まだ半分もある」と見るか、二つの見方です。前者は一〇〇％を基準として見ていて、そこからマイナスしてもう半分しか残っていないと判断しているのです。実はその時に見ているのは水が入っている部分ではなくて、水が入っていない空っぽの上半分です。後者は〇%を基準としつつ水の入っている下半分を見ていて、水はまだ半分あると判断しています。英語で言うと事柄はさらにはっきりします。「もう半分しかない」というのは「half empty（半分空っぽ）」、「まだ半分もある」というのは「half full（半分いっぱい）」と言うのです。コップ半分の水という現実を巡っても二つの対極的な見方があることを押さえておきたいと思います。自分の拠って立つ足場によって世界は二つの様相を呈するのです。

日々の生活の中で私たちは、ともすれば「あれもない、これもない」、「あれが欲しい、これが欲しい」と無い物ねだりをしがちです。無意識的に一〇〇%を基準にしてすべてをマイナスで見てゆく捉え方をしている。だから頑張れるという面もありましょう。しかし、打ち砕かれる中でキリストとの出会いを経験した者は、自らが空っぽの存在でしかないこと、神の前に無でありゼロでしかないということをとことん知らされます。自分が空の器でしかないことを知った者は同時に、パウロと共に、そのような土の器である自分自身の中にイエス・キリストという神の宝が収められているという「神の恵みの事実」を知らされます。その意味で、キリストにおいては常に神の私たちに対する恵みは「full」なのです。この「並外れて偉大な力」は神から出たものであって、人から出たものではないことを私たちは知っています。これを「神の恩寵によるパラダイムシフト」と呼ぶことができましょう。まさに「恩寵義認」ですね。

（二〇一九年九月号）

変えられるのは「自分」と「未来」だけ？

「主は、過去と未来を告げ知らせ、隠されたものの形跡を明るみに出される。」

（シラ書（集会の書）四二・一九）

カウンセリングでよく言われる言葉があります。「過去と他人は変えられない。変えることができるのは、自分と未来だけ」。確かにその通りです。しかし同時に、本当にそうだろうかとも思います。

「覆水盆に返らず」とあるように、私たちは誰も「過去」に起こった出来事を変えることはできません。また、親子喧嘩や夫婦喧嘩を思い起こしていただいてもよいのですが、「他人」を変えることなどほとんど不可能に近い。その意味で確かに「過去」と「他人」は思い通りにはならないのです。

「変えることができるのは、自分と未来だけ」という文言もまた真理と思われます。もちろんそれは容易なことではありません。しなやかに自分を変化させて現実に柔軟に対処したいと思いつつも、そのようにできないことは少なくないのです。どこか無意識的に私たちは、馴染みのある「自分」を変えたくないと思っているのかもしれません。交流分析では私たちが持つ「人生脚本」に焦点を当てますが、幼い子どもの頃から私たちがサバイバルのために自ら選び取ってきた生き方にはそれなりの理由と意義がある。自己を変えるというのは生半可なことではないのです。しかしそれでも、「過去」と「他人」は変えることができないとしても、再決断によって「自分」を変えてゆくことはできます。「自分」が変われば、そこから新しい「未来」を創造してゆくこともできましょう。

しかし本当に「過去」と「他人」を変えることはできないのか。確かに過去の「出来事」は変えることはできません。しかし、その出来事をどう受け止めるか、その出来事の「意味」を受け止め直すことは可能です。「意味」が変われば「過去」の位置づけも変わります。すると「過去」が変わったのです。また、人間関係は常に相互的な「関係」です。ケネス・デール先生はいつも家族システムを、モビールを持って説明しておられました。モビールは全体が一つにつながっていて、どこかを少しでも触ると全体が動きます。同様に、自分の相手に接する姿勢が変わればその「関係」も変わります。「関係」が変わると相手の私に対する接し方も変わります。「相手」が変わるのです。こう考えてくると、「過去」も「他人」も「自分」と「未来」同様に変えることができるのではないでしょうか。

ラインホルト・ニーバーの祈り（Serenity Prayer）を思い起こします。「神よ、変えることができないことを受け入れる心の静謐《せいひつ》さを与えてください。変えることができることを変えてゆく勇気をお与えください。そしてその両者を識別するための智恵をお与えください。アーメン。」

（二〇一九年十月号）

「あなたは死んでもいいですね。
でも、生きているともっといいですね。」

十一月一日は「全聖徒の日」。信仰を持ってこの地上の生を終えてゆかれた方々を覚える月です。十一月の第一日曜日を「全聖徒主日」「召天者記念主日」として守っている教会も少なくないことでしょう。死者を復活のキリストにおいて想起することは、大切なことでもあります。

思い起こすエピソードがあります。もう二十年以上も前のことです。神学校で開かれた教職神学セミナーで、当時北里大学医学部教授であった小児科医、坂上正道《さかのうえまさみち》医師から伺った話です。先生はご自身が心筋梗塞のためCCU（心臓血管疾患集中治療室）に緊急入院した際の体験をお話しくださいました。その時すぐに自分が属するプロテスタント教会の牧師がお祈りのために駆けつけてくださったそうです。そこで牧師はこう祈られました。「この方は家族にとっても教会にとっても、また病院にとっても社会にとっても、とても大切な存在です」と言いつつ、病気からの回復を熱心に祈ってくださったのです。その祈りが耳に届いて坂上先生はこう思われたそうです。「そうか、自分はそれほど大切な存在なのか。であれば、まだまだ自分は頑張らなければいけない」と。その途端に心電図が乱れ、モニターを見ていた医師が慌てて飛んで来て祈りの中止を求めたのだそうです。自分が頑張らねばという気持ちが絶対安静を乱す事態を招いたのでしょう。牧師として私は複雑な思いになります。私自身そのように祈ることも少なくないからです。すると今度は何日かして、自分の妻が所属するカトリック教会から年配の外国人神父さまがお見舞いに来てくださいました。その神父さまは祈るわけでもなく、ただただニコニコしながら手を握ってこう言ってくださったのでした。「あなたは死んでもいいですね。でも、生きているともっといいですね」。「その言葉を聞いた時、『ああ、そうか。自分は（主にあって）死んでもいいんだ』と思うと、心底その言葉にホッとしたのです」。坂上先生はそう語って下さいました。これは私の心に深く刻まれたエピソードでした。

パウロはこう言っています。「わたしたちは、生きるとすれば主のために生き、死ぬとすれば主のために死ぬのです。従って、生きるにしても、死ぬにしても、わたしたちは主のものです。キリストが死に、そして生きたのは、死んだ人にも生きている人にも主となられるためです」（ローマ一四・八〜九）。イエスは生者と死者の双方の救い主です。だから私たちは安心してすべてを主に委ねることができます。何と幸いなことでしょうか。

（二〇一九年十一月号）

「光は暗闇の中で輝いている。暗闇は光を理解しなかった。」
（ヨハネ一・五）

アドヴェントの時期になると映画『アポロ13』（一九九五）を想起します。これは名作です。アポロ13号は一九七〇年四月十一日に打ち上げられた三人乗りの月面探査船。しかし宇宙船は二日目で電源がショート、火花が飛んで酸素タンクが爆発・損傷という非常事態が発生。電力と酸素が断たれたら生命の維持は困難で、月面着陸のミッションどころか地球に戻ることも不可能となります。三人は着陸船を救命ボートに見立てて乗り移り、地上のＮＡＳＡと手に汗を握るやり取りを通してあらゆる手立てを尽くすのです。消費電力を限界にまで抑えて飲料水の摂取を極力控え、遂に無事地球に帰還することができたのでした。その対応の鮮やかさによってそれは「成功した失敗」とも称されます。

トム・ハンクス演じるジム・ラヴェル船長は発射前のインタビューで、かつて海軍のパイロットだった時の体験について触れています。日本海での夜間飛行中、電気系統の故障でコックピット内のライトが突然すべて消えてしまう。マッハを超える速度です。水平に機が保たれているかを示す水準器も、方向を示すコンパスも、残りの燃料量も何も見えない絶体絶命のピンチ。彼は一瞬祈るような気持ちになります。すると自分の平衡感覚に頼りつつ何とか機を水平に保ちながら飛んでいると次第に眼が闇に慣れてくる。すると不思議なことに海がボーッと青白く光っているのが見えてきた。それは海面に浮かぶ夜光虫でした。コックピットが明るいうちは見えなかったかすかな光が見えてきたのです。さらによく目を凝らすとそこには数時間前に航空母艦が通った跡がくっきりと一筋の黒い線として見えてきました。数時間前に母艦が夜光虫を押しのけて通った跡です。ラヴェル船長は「それを道標として母艦に帰艦することができました」と淡々と答えていました。どのような危機の中でも沈着冷静さを失わない宇宙飛行士。だからこそアポロ13号の場合も無事生還することができたのでしょう。印象に残りました。

この世の闇にも一本の確かな道筋が敷かれています。それは目を凝らさなければ見えてこないようなかすかな光の道かも知れません。傷ついた葦を折ることなく、暗くなってゆく灯心を消すことのないお方のゴルゴダの十字架へと続く道です。東方の博士たちの旅もまた星を道標とする夜の旅でした（マタイ二・一～一二）。その道こそ私たちを喜びに溢れる救いに導く主の道です。心の目を凝らしてご一緒にその道標を辿りたいのです。皆さまのために祈ります。メリー・クリスマス！

（二〇一九年十二月号）

Celebrate being yourself.
――祝宴への招き

『この息子は、死んでいたのに生き返り、いなくなっていたのに見つかったからだ。』
そして、祝宴を始めた。」（ルカ一五・二四）

新年おめでとうございます。今年もみ言葉の光の中に新しい一歩をご一緒に踏み出してまいりましょう。年の初めに思いを馳せたいのは「祝宴（セレブレイション）」という事柄です。

ルカ福音書一五章には失われたものが見出された時に天上で開かれる盛大な祝宴について三度も記されています。特に三番目の放蕩息子のたとえは印象的です。自分の帰るべき場所（関係）に気づきそこに戻ってゆくこと。遠くから息子の存在に気づき、走り寄って抱き留めてゆく父親の姿の中に、私たちは親なる神の深い愛を見ることができましょう。

一九九六年の夏、私はフィラデルフィアのJeanes Hospitalで四百時間の臨床牧会教育（CPE）を受けました。あることで深く落ち込んでいた私に、個人面談でスーパーヴァイザーのDann Ward師（牧師・詩人）はこう告げられました。「George needs to celebrate George.（譲治は譲治を喜び祝う必要がある)」。それは目からウロコが落ちるような体験でした。自分で自分を喜び祝う？　セレブレイトする？そのような発想はそれまでの私には全くありませんでした。いや、気づかなかっただけなのかもしれません。声には心の扉を開く不思議な力があります。翌年帰国した時に流行っていたのが安室奈美恵の『Can you celebrate?』であったことも不思議なシンクロニシティでした。

私たちは自分を支える外からの存在是認の声を必要としています。イエスは受洗時に一つの声を聴きました。「あなたはわたしの愛する子、わたしの心に適う者」(マルコ一・一一)。これは神からの究極的な存在是認の声であり、「よし、行け！　わたしはあなたと共にいる」という促しの声でした。イエスはその道の途上で、繰り返しこの根源的な声に立ち返ったに違いありません。私たちも皆、この声に与るように招かれています。

礼拝はキリストの祝宴です。たとえ過酷な現実が私たちを幾重にも取り巻いていたとしても、私たちは主日ごとに天の祝宴に招かれているのです。「疲れた者、重荷を負う者は、だれでもわたしのもとに来なさい。休ませてあげよう」(マタイ一一・二八)。この祝宴は終わりの日の天における祝宴の先取りであり前祝いです。それは私たちの揺らぐことのない希望です。そこに与ることができる者は何と幸いでありましょうか。

Celebrate being yourself.　新しい一年もご一緒にこの祝宴に与りたいのです。神さまの祝福が豊かにありますように。シャローム！

(二〇二〇年一月号)

根拠のない自信

「あなたはわたしの愛する子、わたしの心に適う者」（マルコ一・一一）

これはイエス受洗時の天からの声です。この天の声を私は、洗礼に与る者には明示的に等しく与えられている「神からの究極的な存在是認の声」であると捉えています。「根拠のない自信」という言葉があります。それはあるカナダ人宣教師の口癖でもあったようですが、『花子とアン』という朝ドラや東洋英和女学院でも伝えられていました。ミッションスクールに限らず、学校や家庭、教会という場は、子どもたちの中に「根拠のない自信」を育むところなのでしょう。

三・一一大震災の直後のことでした。当時私が牧していたむさしの教会で、『子どもへのまなざし』でよく知られたクリスチャン児童精神科医・佐々木正美先生（一九三五〜二〇一七）の講演会がありました。先生はこう言われました。「人を愛するためには、まず自分が愛されるという体験が必要です。愛されることを通して子どもたちの中には『根拠のない自信』が育まれてゆきます。私たちは通常は『根拠のある自信』を持っていますが、『根拠のある自信』はその『根拠』が揺さぶり動かされると容易にガラガラ崩れ落ちてしまう。けれども『根拠のない自信』は、根拠がないゆえに、決して揺れ動くことがないのですと。その実践に裏打ちされた温かい言葉は、今でも一つの確かな声として私の中に響いています。

「根拠のない自信」を持つ者には「迷い」がありません。いや、たとえ「迷い」があったとしても、その「根拠のない自信」のゆえに、「泣くのはいやだ、笑っちゃえ」と周囲を巻き込みながら逆境を乗り越えてゆくことができるのでありましょう。培われた「自尊感情」がその人の「レジリエンス（折れない心）」を支えるのです。普段はあまり意識されませんが、いざという時にはその「根拠のない自信」が大きく事柄を左右します。いかにも逆境に強かった信仰の諸先輩方を思い起こします。「根拠のない自信」に満ち満ちていました。

「根拠のない自信」とはいかにも逆説的な表現ですが、考えてみればそこにはやはり「根拠」があるのだろうと私は思っています。そもそも「自信」とは「自己に対する信頼」を意味しますが、「根拠のない自信」とは「自己への信頼」ではありません。「自己を支えているものへの信頼」のことです。自らの外に自分を支える確固とした「足場・基盤」を持つこと。万物は揺らぐとも神の言は永久に立つのです。この天来の声「あなたはわたしの愛する子、わたしの心に適う者」。この声が私たちを捉えて放しません。この声に拠り頼むことができる者は幸いです。

（二〇二〇年二月号）

荒野の四十日と仕える天使たち

「イエスは四十日間そこにとどまり、サタンから誘惑を受けられた。その間、野獣と一緒におられたが、天使たちが仕えていた。」(マルコ一・一三)

牧師という仕事をしていると、生育歴やライフレビューというかたちでこれまでの人生を振り返ることがあります。人生は山あり谷ありで、「荒野の四十日」と呼ぶ他ないような試練の時もあります。私自身にもこの試練がありましたが、特に二つのことを想起します。

一つ目は小学校二年のクリスマス直後。突然リウマチ熱という病気にかかり、四十度の高熱が一週間続き、三ヶ月の絶対安静の入院生活を送ることになりました。その時には親が与えてくれた『少年少女世界文学全集』全五十巻を貪るように読みました。私が「本の虫」になった原点です。

二つ目は高校二年の暑い夏。脊椎分離症の手術を受けて七十日間の入院。多感でエネルギッシュな思春期、石膏ギブスに入ったまま、四十日間は天井を見上げたまま身動きが取れませんでした。手術前に背中をかたどって造られた石膏ギブスは二つありました。一週間に一度それを交換してもらうのですが、背中がかゆくてもかけず、寝返り一つ打てません。忍耐力と頑固さ、俯瞰力（メタ認知能力）が鍛えられたように思います。同時に、たとえ肉体はがんじがらめに縛られていたとしても、人間の精神は全く自由なのだということを知ることができました。「主に望みをおく人は新たな力を得、鷲のように翼を張って上る。走っても弱ることなく、歩いても疲れない。」（イザヤ四〇・三一）とある通りです。私は夢うつつの中で、自分の魂が自由に羽ばたいて鷲のように空高く飛翔し、自分の身体を含めて「世界」を上から俯瞰するような幻視を与えられていたのかもしれません（人間の記憶は後から容易に再構成されるようです）。私が病院チャプレンにこだわるのも、そのような二つの原体験があるからなのでしょう。コインに両面があるように、「荒野の四十日」は「サタンの誘惑」であると同時に「神の鍛錬」でもある。あの時には二度と戻りたくはありませんが、今の私には必要な「時」であったと思っています。

今はレント。荒野での主の試練を思います。そこに「天使たちが仕えていた。」（マルコ一・一三b）という語が添えられていることに気づきます。十七歳の私には全く見えていませんでしたが、その時私の傍らには入院を支えてくれた母と父、そして妹と弟がいました。医療従事者や学校や教会を通して祈ってくださった方々がいました。「仕える天使たち」がいたのです。その時には気づかなくとも、後から気づかされる次元があります。それもまた大切な一つのメタ認知であり、信仰の覚知なのでありましょう。多くの天使たちに支えられてきたことを感謝したいと思っています。

（二〇二〇年三月号）

十字架と復活のリアリティー
――ディディモのトマス

ディディモのトマス。「ディディモ」はあだ名で「双子」を意味しますが、誰と双子であったかは不明です。聖書は私たちを映し出す鏡で、そこに自身の姿が映っていると感じることは少なくありません。特に十字架と復活の場面がそうです。例えば、鶏の鳴き声に泣き崩れたペトロ。彼はその時にイエスの否認予告とそのまなざしとを思い出したのです（ルカ二二・六一～六二）。そしてトマス。彼の名前は共観福音書と使徒言行録の十二使徒リストにありますが、第四福音書は「ディディモ」という名と共にその姿を印象深く伝えています。彼は「あの方の手に釘の跡を見、この指を釘跡に入れてみなければ、また、この手をそのわき腹に入れてみなければ、わたしは決して信じない」（ヨハネ二〇・二五）と言ったことで「疑いのトマス」とも呼ばれます。そのエビデンスを求める実証主義的な態度には私たち自身の姿が重なります。もしかしてトマスはこの私と「双子」だったのかもしれません。

復活したイエスが最初に弟子たちにその姿を現された時、彼はなぜかその場にはいませんでした。「主と出会った」と喜ぶ弟子たちの中で彼はただ一人で一週間疑い続けます。八日目の日曜日。再びイエスが「シャローム」と弟子たちの前に立たれます。イエスはトマスの疑いを拒絶することなく受容するようなかたちで、「十字架のスティグマ（傷痕）」が生々しく残る手を彼に向かって差し出しました。トマスが実際にそこに触れたかどうかは記されていませんが、復活のキリストのリアリティ、主の現臨がその存在を根底から新たにしたのです（トランスフォーメイション）。トマスは新約聖書で最大・最高の信仰告白をする者に変えられました。「わが主、わが神」。復活の主に向かって直接「神」と告白した人は他にはいません。

復活の主はご自身の側から弟子たちに近づかれました。そのリアリティが「弱虫」であった弟子たちを「殉教の死をも恐れぬ確固とした信仰者」に造り変えたのです。遠藤周作は「復活は蘇生とは違う。」「復活は『事実』ではないとしても『魂の真実』だった。イエスは弟子たちの心の中に確かに復活したのだ」と言います（『キリストの誕生』）。

十字架と復活はワンセットです。トマスの深い疑いの背後には、自身の罪にただ独り苦しみ続けた真摯な人間の姿が重なって見えます。おそらくトマスは自分を赦すことができなかったのでしょう。トマスは「疑いのトマス」であるよりも「こだわりのトマス」と呼ばれるべきなのかもしれません。復活のキリストがトマスに対してその十字架のスティグマを示されたことは、彼が最も必要としていた「罪の赦し」と「新生（復活）」への招きであったのだと私は信じる者です。

（二〇二〇年四月号）

外的奉仕のための内的集中

「あなたがたに新しい掟を与える。互いに愛し合いなさい。わたしがあなたがたを愛したように、あなたがたも互いに愛し合いなさい。」（ヨハネ一三・三四）

危機的な状況になればなるほど私たちの意識は覚醒します。サバイバルのために全力を尽くさねばならないことを本能的に察知するためでしょうか。現在世界中で新型コロナウイルスとの壮絶な闘いが展開されています。予断を許さないことは、刻々と伝えられる諸外国の状況からも分かります。日本もその渦中にあります。先が見えない恐れと不安の中に私たちは置かれていて、「教会（エクレシア）」に集うこと自体が困難となっています。「すべてのいのちを守る」ために、今私たちが求められていることは何か。私は思います。それは、神のみ言葉にひたすら聴くことであり、神の御心を知るために無心に祈ることだと。特に詩編と「主の祈り」を互いに声に出して祈ることは有用です。「キリストの声」には私たちを落ち着かせる神の力が宿っているからです。

ドイツ教会闘争という危機的状況の中にあって、ボンヘッファーは「ブルーダーハウス」（牧師補研修所）設立のために「外的奉仕のための内的集中」と言いました。「彼らは、常に兄弟の交わりから出発し、またそこへと帰って行くことができるなら、そこに、彼らの奉仕のために必要な故郷と交わりを見出すのです。そこで目標とされているのは、修道院的な隠遁の生活ではなく、外に向かって奉仕するための、内的に最も深められた集中の生活です」（選集六巻『告白教会と世界教会』）。ボンヘッファーは交わりの生活を通して教会において現臨するキリストにどこまでも集中してゆきます。「自分の心の中のキリストは、兄弟の言葉の中のキリストより弱い」（『共に生きる生活』）とまで言うのです。私たちは相互にみ言葉を伝えてくれる他者の、具体的な「声」を必要としています。

今回のパンデミックで私たちは、礼拝に集う兄弟姉妹の交わりは決して自明ではないことを認識しました。それはどこまでも神の恩寵なのです。「エクレシア」とは「キリストに呼び集められた者の群れ」を指しますが、それは（主日礼拝や聖研祈り会等での）「一つに集められたかたち」と（個々人の日々の生活における）「散らされた（ディアスポラの）かたち」の両者において存在します。「共にある日」にも「独りでいる日」にも、私たちはキリストの身体の一部分として相互に結び合わされていて、顕在と潜在を通してひとつの教会であり続けるのです。私たちは今この時を「外的奉仕のための内的集中の時」として位置づけ、それぞれの場で祈りを合わせてゆきたいと思います。お一人おひとりの上に神の恵みが豊かにありますように祈ります。シャローム。

（二〇二〇年五月号）

聖霊行伝

「それで、イエスは神の右に上げられ、約束された聖霊を御父から受けて注いでくださいました。

あなたがたは、今このことを見聞きしているのです。」（使徒二・三三）

聖霊降臨については神学校で学んだ新約学教授・間垣洋助先生の「使徒行伝」の講義を想起します。まだ新共同訳聖書が出る前でしたので「使徒行伝」と呼ばれていました。間垣先生は大学では新約学を学問として大変厳しく指導してくださいました。しかし神学校に入った途端に「あなたたちは牧師となり、説教をするのだから」と言われて、その印象は一変とても温厚になられたことを思い起こします。私はそこから学問的に真理を探究する際の真摯さと、牧会者として実存的に温かく聖書を人々と分かち合うことの両面をバランスよく保つことを学ばせていただいたように思います。その時、間垣先生は開口一番こう言われました。「使徒行伝には主として前半はペトロの、後半はパウロの言動が記されています。しかし本当の主人公はペトロでもパウロでもなく、彼らを捉え、立てて、派遣してゆかれた神の聖霊です。だからそれは『使徒行伝』というよりも『聖霊行伝』と呼ばれるべき書物なのです」と。四十年近く前の言葉ですがストンと腑に落ちたことを覚えています。続けて先生はこう言われました。「使徒行伝には二十八章あります。しかし、聖書は閉ざされた（完結した）書物ではありません。神の聖霊があなたがたを捉え、あなたがた自身を用いてそこに二十九章以降を書き加えてゆくのです」と。神の聖霊は今ここでも働いていて、その救いの歴史は未来に向かって開かれています。

私の専門領域の一つに「スピリチュアルケア」があります。ＷＨＯは人間のウェルビーイング（安寧）のためには「身体的」「精神的」「社会的」「霊的」なニーズに応えることが大切と説いています。そこに「知的」ニーズも加えられるでしょうか（ヴァルデマール・キッペス）。聖書で「スピリット」とは「霊」とも「息」とも「風」とも訳される語です。ですからそれは「（向かい合う人の）魂への配慮」とも「（自分の）魂による配慮」とも、また「（自他の）呼吸に関するケア」とも理解できます。しかし「神の霊によるケア」という次元も押さえておきたいのです。「聖霊行伝」は神の聖霊による「スピリチュアルケア」の記録として読むこともできる。主なる神は私たち一人ひとりの「魂」が現実の中でどれほど飢え渇き苦しんでいるかをご存知であり、そのニーズを充たすために何が必要であるかを誰よりもよくご存知です。神がその「いのちの息吹」によって、お一人おひとりの今ここでのニーズを豊かに満たしてくださるようにお祈りしています。シャローム。

（二〇二〇年六月号）

胃がビクビク動く？

「主は憐れみ深く、恵みに富み、忍耐強く、慈しみは大きい。」（詩編一〇三・八）

最近これまで自分を覚醒させてくれた言葉を思い起こしています。一九八五年秋、神学生時代に築地の聖路加国際病院で臨床牧会教育（Clinical Pastoral Education ＝ＣＰＥ）という三週間の訓練を受けた時のことでした。それはとてもインパクトの強い訓練でした。私はそこで与えられた実存的な課題とそれ以来ずっと格闘してきたような気がしています。病院チャプレンでありＣＰＥスーパーヴァイザーでもあった聖公会・井原泰男司祭が休憩時間に何気なくこう語られたのです。「僕はね、患者さんと話をしていても、大切なところにくると胃がビクビク動くんだよね」。

胃がビクビク動く？　人の話を頭でしか聞こうとしていなかったそれまでの私にとって、それはにわかには信じることのできない言葉でした。そのような聴き方が本当に人間に可能なのか。確かに「腑に落ちる」とか「断腸の思い」という表現はありますが、相手の思いを自分の「はらわた（ガット）」で受け止める次元があるとは衝撃的ですらあったのです。文字通り「ガットフィーリング」ですね。

聖書の中には「深い憐れみ」というキーワードが出てきます。それは神やイエスに用いられている語です。例えば上述の詩編一〇三編八節やマルコ福音書六章三四節。「イエスは舟から上がり、大勢の群衆を見て、飼い主のいない羊のような有様を深く憐れみ、いろいろと教え始められた」。ヘブライ語では「ラハミーム」、ギリシャ語では「スプラングニゾマイ」。前者は「子宮、胎」という語に由来し、後者は「はらわた、内臓」という語に由来します。「憐れみ」と聞くと私たちは何か「同情」とか「憐憫」という日本語を連想しますが、聖書ではもっと具体的かつ動的で、「はらわたがよじれるほどの産みの苦しみを伴う深い共感」という意味になります。イエスはご自分の中心でもって相手の苦しみを受け止められたのです。さぞかし胃が痛かったに違いないと想像します。医者であったルカは、「よきサマリア人のたとえ」や「放蕩息子のたとえ」など印象的なイエスのたとえを記録していますが、そこにもこの「深く憐れむ」というキーワードが出てきます（一〇・三三や一五・二〇）。

果たして私の胃がビクビク動くようになったかというと、恥ずかしながらそこまでは至ってはいません。まだ途上にあるのです。しかし、「頭」（ヘッド）だけでなく、「心」（ハート）だけでもなく、「はらわた」（ガット）でも聴くという姿勢をどこまでも大切にしてゆきたいと常に念じています。

（二〇二〇年七月号）

サクラメント
――五感のリアリティ

「これはあなたがたのために与えるわたしのからだ。」
「これは罪のゆるしのため、あなたがたと多くの人々のために流すわたしの血における新しい契約。」
（聖餐設定辞。一コリント一一・二四〜二五）

チンパンジーなど霊長類の専門家である京都大学総長の山極寿一氏が面白いことを言っています。人間は視覚、聴覚、触覚、臭覚、味覚という「五感」を持っています。インターネットを通しての接触は、双方向であっても「視覚」と「聴覚」しか使いません。そのような接触で信頼関係が形成されると感じるのは「脳の錯覚」にすぎないと山極教授は述べるのです。本来「信頼関係」というものは他者とは共有しにくい「触覚」「臭覚」「味覚」という感覚を、時間をかけて共有してゆく中でしか培われないと言うのです。

なるほどと思わされました。幼児期の母子関係でのスキンシップの大切さも、「同じ釜の飯を食う」ことの大切さも、私たちは体験的に知っています。最近はリモートでの「オンライン飲み会」も流行っているようですが、それは旧交を温めたり、これまでのつながりの確認のためには意味があるとしても、新たに人間関係を形成するためには五感、とくにその中の三つの共有が重要なことを改めて学びました。

「視覚」と「聴覚」は大脳皮質の側頭葉につながっていて、危険が遠くから迫ってくるのに対応するためには時間がかかります。それに対し「触覚」と「臭覚」と「味覚」は直に脳幹につながっていて、何か熱いものに触れたら瞬時に手を引っ込めますし、嫌な臭いがしたら即刻顔を背けますし、変な味がしたらすぐに吐き出すよう私たちは反射的に行動します。瞬時に危機対応が求められるからです。その三つの感覚は特に直接的であり強烈なのです。

教会が洗礼と聖餐という二つのサクラメントを大切にしてきたことには深い意味があると感じます。そこでは水とパンとワインが用いられるからです。視覚と聴覚だけではない。洗礼時には水の注ぎを肌に感じますし、聖餐式ではパンとワインの香りをかぎ、口で受け止め、歯で噛みしめ、舌で味わい、喉で飲み込みます。そのように私たちはサクラメントにおいて触覚と臭覚と味覚という三つの感覚をも総動員して、「キリストのリアル・プレゼンス（現臨）」を受け止めているのです。信仰生活では通常「聴く」ことの大切さを思わされますが、「からだの身体性」の重要性、触れることや嗅ぐこと、味わうことを含めた「五感の持つリアリティ」をも考えさせられています。皆さまはどのようにお考えになるでしょうか。


（二〇二〇年八月号）

人生の午後の時間のために

「人生の午前と午後」について語ったのはカール・グスタフ・ユングでした。午前中に私たちは遊びや勉強、仕事やボランティア、結婚や子育てなど「行為（Doing）の次元」で一生懸命頑張ります。それらが一段落してから、今度は「存在（Being）の次元」を大切にするための午後が始まるのです。ユングによれば「人生の午後の時間」は「魂を豊かにしてゆくための時」となります。

私たちは存在と行為を二つの次元に切り分けることはできません。それらはグラデーションのように濃淡を変え、区別はできても分離はできないものとして重なっているように思われます。しかし、存在は確かに行為に先立ち、その前提となっている。人間はどこまでも「human being」であって「human doing」ではない。「譲治、齢をとるということは大仕事なのよ」。これは私の母が晩年によく言っていた口癖です。私自身も齢を重ねるうちに次第にそう思うようになってきました。

「わたしは裸で母の胎を出た。裸でそこに帰ろう」（ヨブ記一・二一）とあるように、私たちは生まれた時に裸であったように死ぬ時も裸です。死後には何も持ってゆけない。どれだけ多くのものを生涯で獲得したとしても、すべてを後に置いてゆかなければなりません。「空の空、一切は空」とある通りです（コヘレト一・二）。「空」とはヘブル語で「ヘベル（ため息）」を意味し、それを「出るのはため息ばかりなり」と意訳することもできると受け止めています。生きることは大仕事なのです。

しかし実は私は、一つだけ私たちが持ってゆくことができるものがあると信じています。それは自身の「魂」です。だからこそ魂を豊かにすることが大切になるのです。ではそのためにどうすればよいか。マザー・テレサは「人の価値は、いかに多くのものを（自分に）獲得したかにあるのではなく、いかに多くのものを他者と分かち合ったかというところにある」と言いました。魂の豊かさは他者との連帯の中で与えられてゆくものであり、天から私たちに管理を託されたものを隣人たちと豊かに分かち合ってゆく喜びの中に培われるものなのです。そこには、思いのまま自由に吹く聖霊の風のそよぎがあり、天からの光の祝福があり、深い魂の喜びがあります。

人生の午後がいつ始まるかは私には分かりません。魂を豊かにしてゆくためにその時間を使うことができるならば、「一切は空」に見えるこの世の現実の中にも必ず「神はすべてを時に適って麗しく造り、永遠を人の心に与えた」（コヘレト三・一一）という喜びの次元が見えてくると期待しています。

（二〇二〇年九月号）

歌うルター像

「主を讃美するために民は創造された。」（詩編一〇二・一九b）

二〇一九年五月二八日～六月六日、若手牧師たちと米国を訪問しました。米国福音ルーテル教会（ELCA）のサウスカロライナシノッド（SCS）と交流するための旅でした。SCSは一八九二年に日本に最初のルーテル教会の宣教師（J・A・B・シェーラー）を派遣した教区で、JELCとは「コンパニオンシノッド」関係にあります。その総会に参加すると共に、最初の宣教師の派遣地であるチャールストンの聖ヨハネ教会にも足を運ぶことができました。州都コロンビアにあるサウザンルーテル神学校の「歌うルター像」（カバーに掲載）が特に私の印象に残っています。カリフォルニア在住の彫像家 Christopher Slatoff（一九五三～）の作で、二〇一四年頃設置されたそうです。

ルターは讃美歌の作者としてもよく知られています（教会讃美歌四五〇番など）。彼には「音楽家」というニックネームが付くほどリュート奏者としても、またその歌声にも定評がありました。私はこれほど楽しげなルター像を他に知りません。ドイツで交換牧師だった松本義宣牧師もこのように楽しげな像はドイツでも見たことがないそうです。天を仰いで歌う姿が印象的ですね（撮影は関満能牧師）。それは福音の基調音が喜びであることをよく伝えています。今にもルターのテノールの美声が聞こえてくるようではありませんか。ルターは会衆讃美歌をとても大切に考え、讃美歌は「会衆による説教」であり、会衆は歌うことを通してみ言葉を互いに伝え合うと理解していました。そのためルーテル教会は「歌う教会」とも呼ばれたのです。ルターの改革は礼拝改革として始まりました。それまでラテン語で行われていた「ミサ」をドイツ語にし、礼拝から「犠牲」の意味を外し、聖書をドイツ語に翻訳し、み言葉の解き明かし（説教）を導入。それまでは聖歌隊がラテン語で歌っていた聖歌を会衆が母国語で歌えるようにしたのです（コラール）。それらを通して人々が福音の喜びを、Head（理性）とHeart（感性）とGut（はらわた＝身体性）という三つの次元で同時に、全人的かつ具体的に味わうためでした。

この写真には写っていませんが、この像の足下には消火栓のように大きなビアマグが置かれています。メランヒトンなど友との楽しい語らいと飲食の時にも福音の前進を信じた、いかにもルター的な言葉も伝えられています。現在ＣＯＶＩＤ-19感染拡大という状況の中にある私たちもまた、福音の祝福の光の中に生きた信仰者の系譜に連なる者としてご一緒に天を仰ぎつつ、神に与えられたいのちを言祝ぎたいのです。「歌う門には福来たる」のですから。

（二〇二〇年十月号）

悲愛

——生きている死者との協同の営み

「悲しむ人々は、幸いである、その人たちは慰められる。」（マタイ五・四）

十一月は死者を覚える月。生者と死者の双方の救い主であるキリストによって天と地は一つに結び合わされていると信じつつも、走馬灯のように様々な思い出が私たちの心を通り過ぎてゆきます。カトリック信仰の立場に立つ若松英輔という文筆家に、『魂にふれる——大震災と、生きている死者』（トランスビュー）という本があります。東日本大震災の二年前にガンで逝った最愛の妻を想起しながら、それを東日本大震災と重ね合わせるようにして言葉を刻んでいます。その意味でこの書は「生きている死者たち」のためのレクイエム（鎮魂曲）と呼べましょう。

氏の言葉を引用します。「ここでの『死者』とは、生者の記憶の中に生きる残像ではない。私たちの五感に感じる世界の彼方に実在する者、『生ける死者』である」。「死者が接近するとき、私たちの魂は悲しみにふるえる。悲しみは、死者が訪れる合図である。それは悲哀の経験だが、私たちに寄り添う死者の実在を知る、慰めの経験でもある」。「悲しみとは、死者の愛を呼ぶもう一つの名前」。「死者と生きるとは、死者の思い出に閉じこもることではない。今を、生きることだ。今を生き抜いて、新しい歴史を刻むこと」。「死と死者は異なる。『死』は肉体の終わりを意味するが、『死者』は、すでに亡き存在ではない。死の彼方に新生する者である。それは、存続する世界を生者と異にしながら、生者に寄り添う不可視な『隣人』を意味している」。これらの声に私たちの魂が深く交響するのは、私たちにも死者たちへの尽きぬ思いが刻印されているからでありましょう。

魂にふれるという不思議な体験を語ったあと若松氏はこう記します。「亡骸を前に私は慟哭する。なぜ彼女を奪うのかと、天を糾弾する暴言を吐く。そのとき、心配することは何もない。わたしはここにいる、そう言って私を抱きしめてくれていたのは彼女だった。妻はひとときも離れずに傍らにいる。だが、亡骸から目を反すことができずにいる私は、横にいる『彼女』に気がつかない」。「誰も自分の悲しみを理解しない、そう思ったとき、あなたの傍らにいて、共に悲しみ、涙するのは死者である」。「悲しいのは逝った方ではないだろうか。死者は、いつも生者の傍らにあって、自分のことで涙する姿を見なくてはならない。死者もまた、悲しみのうちに生者を感じている。悲愛とは、こうした二者の間に生まれる協同の営みである」。この指摘は私の心に響き続けています。

"Requiem aeternam dona eis Domine."

（二〇二〇年十一月号）

魂の志向性

——アドヴェント黙想

「学者たちはその星を見て喜びにあふれた。」（マタイ二・一〇）

今年もアドヴェントに入り、教会暦は新しい一年が始まりました。私たちは今ここで、二千年前の「キリストの降誕」と終わりの日の「キリストの再臨」という二つの「時」の間を生きています。方位を示す磁石が地球の地磁気に反応して北を指してピタッと止まるように、「神のかたち」に造られた私たちの魂も神の愛に応じて神に向くように初めから定められています。だからこそアウグスティヌスの言葉がストンと腑に落ちるのでしょう。「あなたは私たちを、ご自身にむけてお造りになりました。ですから私たちの心は、あなたのうちに憩うまで、安らぎを得ることができないのです」（『告白』、山田晶訳）。私たちの魂は神への志向性を持っているのです。ルカ福音書が記すマリアの讃歌もシメオンの讃歌もそのことを証ししています。「わたしの魂は主をあがめ、わたしの霊は救い主である神を喜びたたえます」（ルカ一・四六～四七）。「今、わたしは主の救いを見ました。主よ、あなたはみ言葉のとおり、しもべを安らかに去らせてくださいます」（ルーテル教会青式文「ヌンクディミティス」より。ルカ二・二九）。救い主と出会う喜びこそ福音の基調音であり、私たちの人生はそのような祝福に向けられています。

アドヴェントは「主の道を整え、その道をまっすぐにせよ」という「荒野の声」から始まります（マルコ一・三）。「荒野の四十年」であるこの人生では、進むべき方向が見失われてしまうこともありましょう。東からの博士がベツレヘムの星を目印に夜の旅を続けたように、私たちもキリストの光を目指してこの世の巡礼の旅を続けてゆきます。光は闇の中に輝いています。しかし頼りは星の光ですから昼間は見えませんし、雨や曇りの夜も見えません。夜の闇の中で、星の方角と足下の地面の両方を確認しながらの時間のかかる手探り旅。私たちが携えるべき「黄金、乳香、没薬」とは何か。それは私たちがこれまでそれぞれに大切にしてきた宝物です。一説にはそれらは博士たちが用いた占星術の道具だったとも言われます。とすれば博士たちは自分たちの古い生き方をすべて幼子に託したということになる。彼らはそこで喜びにあふれる新しい人生を発見したのです（マタイ二・一〇）。

私たちもまたご一緒にキリストの日に向けて旅を続けてゆきたいと思います。クリスマスには天からみ使いたちの歌声が響いてきます。「天には栄光、地には平和」（ルカ二・一四）。

ＣＯＶＩＤ-19のために今年は例年と少し異なる状況にありますが、ご一緒に天からの言祝ぎの声に耳を澄ませてゆきたいのです。


（二〇二〇年十二月号）

sola fide（信仰のみ）

——「神の〈まこと〉」に生きる「信仰」

「神の義が、福音の内に、真実により信仰へと啓示されているからです。」（ローマ一・一七）
「神の義は、イエス・キリストの真実によって、信じる者すべてに現されたのです。」（同三・二二）
（引用は日本聖書協会共同訳より）

新年おめでとうございます。今年は私たちの原点である「信仰」を確認することから始めたいと思います。〝sola fide〟は「信仰のみ」と訳されてきました。日本語の「礼拝」同様に「信仰」は「信じて仰ぐ」という人間の行為に力点が置かれていて、どこまでも人間が主体という感があります。しかし聖書でイニシアティブは常に神の側にある。神が呼びかけ人間が応える。神が自らを啓示し人間がそれを受け止める。召命の出来事はすべてそうです。アブラハム然り、モーセ然り、サムエル然り、イザヤ然り、エレミヤ然り、ヨナ然り。受胎告知時のマリアもそうでしたし、イエスが弟子たちを召し出した時もそうでした。ダマスコ途上でのパウロの回心の場合も言うに及びません。神が呼びかけ人間が応答する。その意味で私たち信仰者も一人ひとりが神からの召命を受けています。そう見てくると、「信仰」とは人間の業であるより私たちの中に働く神の御業であることが分かります。イニシアティブは神の側にあるのです。

神学校での恩師・小川修氏は五十年に渡るパウロ研究から「ピスティス」を「神の〈まこと〉」と理解、滝澤克己氏が「インマヌエル」を二つに峻別したように、「第一義のピスティス」と「第二義のピスティス」とを厳密に区別しました（『小川修パウロ書簡講義録』リトン）。最初に「神の〈まこと〉」からの呼びかけがあり、それへの応答として「人間の〈まこと〉（信仰）」が来る。冒頭に引用したように『聖書協会共同訳』（二〇一八）がローマの信徒への手紙一章一七節の「ピスティスからピスティスへ」という語を、「真実により信仰へと」と訳したのもそのような神学的な理解に立っています。同三章二二節も同様です。

「ピスティス」の形容詞形は「ピストス」で「真実な」「忠実な」「信頼できる」と訳されます。英語では faithful とか trusty、true。「ごく小さな事に忠実な者は、大きな事にも忠実である」（ルカ一六・一〇）。「神は真実な方です。あなたがたを耐えられないような試練に遭わせることはなさらず、試練と共に、それに耐えられるよう、逃れる道をも備えていてくださいます」（一コリント一〇・一三）。「死に至るまで忠実であれ。そうすれば、あなたに命の冠を授けよう」（黙示録二・一〇）。

主の新しい年も、試練の中にあるとしても、独り子を賜るほどにこの世を愛された「神の〈まこと〉」に日々生かされる者でありたいと願っています。皆さまの上に祝福をお祈りいたします。

（二〇二一年一月号）

永遠の今
――「クロノス」と「カイロス」

「何事にも時（クロノス）があり、天の下の出来事にはすべて定められた時（カイロス）がある。」
（コヘレト三・一　括弧内は筆者による挿入）

ギリシャ語には「時」を表す単語が二つあります。「クロノス」と「カイロス」です。前者は時計で計測可能な「時間」を表し、後者は時計では計れない「時」や「機会」を意味します。コヘレトの言葉の三章は二つの「時」を告げています。旧約聖書のギリシャ語訳（七十人訳）では前者が「クロノス」、後者が「カイロス」と訳されています。ギリシャ語は二つの語によって両者が質的には全く異なる概念であることを明確にしているのです。

では両者はどのような関係にあるのか。クロノスとカイロスは交差《クロス》関係にあるように思われます。「クロノスとしての人間の歴史」を垂直に断ち切る「カイロスとしての神の時」がある。それは私たちの人生に神が天から垂直に介入してくる瞬間、「永遠の今」とも呼ぶべき「神の時」です。旧約の「出エジプト」や「バビロン捕囚」を想起してみてください。苦難の中でも私たちは「今、ここ」において永遠なる存在とつながって生きるのです。「永遠」とは「永続する時間」「終わりのない無限の時間」ではなく、「いつどこででも妥当する神の現実（present moment）」を意味しています。コヘレト三章は、この世の歴史や私たちの生育歴の背後に神の摂理を見てゆく信仰の視点があることを告げています。

私は多感な青年時代に読んだ『口語訳聖書』（一九五五）の「神のなされることは皆その時にかなって美しい」（伝道の書三・一一）という訳が忘れられません。『文語訳』（一八八七）は「神の為《な》したまふところは皆その時に適《かな》ひて美麗《うるは》しかり」となっていました。ですから『新共同訳』（一九八七）の「神はすべてを時宜にかなうように造り、また、永遠を思う心を人に与えられる」という訳に初めて触れた時に私は深い驚きと失望感とを味わいました。慣れ親しんでいた「美しい」という語がなくなっているではありませんか。私の中でそれは「時よ止まれ。お前は（そのままで）美しい」（ゲーテ『ファウスト』）という語と重なっていたのです。「美」という語にこだわるのは、青年時代の私が「美」や「愛」の探求に夢中になっていたためでもありましょう。

新しい『聖書協会共同訳』（二〇一八）ではこう訳されています。「神はすべてを時に適って麗しく造り、永遠を人の心に与えた」。このように四つの訳を比較すると翻訳は一つの解釈であるということがよく分かります。その奥行きが見えてくるのです。そこに歴史というクロノスにクロスする神のカイロスを深く感じるのは私だけではありますまい。いかがでしょうか。

（二〇二一年二月号）

深い淵の底から

「深い淵の底から、主よ、あなたを呼びます。主よ、この声を聞き取ってください。嘆き祈るわたしの声に耳を傾けてください。」（詩編一三〇・一〜二）

三・一一東日本大震災からちょうど十年、九・一一同時多発テロから二十年が経ちます。阪神淡路大震災、ルクソールテロ事件、尼崎線列車脱線事故などいずれも胸が張り裂けるほど鋭い痛みを伴う記憶です。私たちはこのような出来事が起こると「なぜこのような悲劇が起こるのか」と天に向かってその不条理を嘆きます。なぜ神はこのような過酷な現実を許され、嘆き祈る者たちの声に沈黙しておられるのか。これは深く魂の痛みを伴う〝Sacred Question〟（聖なる問い）であり、神との格闘です。どこにも腑に落ちるような答えを見出すことはできない。私たちは生涯をかけて、答えのない問いと格闘し続けるほかないのでしょう。

ルクソール事件の翌日の新聞には犠牲となられた何組もの新婚カップルの笑顔の写真が掲載され、涙を禁じ得ませんでした。その後しばらくして夕刊で吉田秀和氏の文章と出会いました。

「私は愛する親しい人たちといっしょに幸せに生きていた時は、それを当然のように受け入れていたけれど、それがなぜ条理なのか。事故にあったのが不条理なら、たまたまその電車に乗らなかったのがなぜ条理なのか。両者は同じものの裏表、条理の上では区別できない。不条理の刃物に倒れるのが受け入れがたいというなら、その逆も本来、根拠がなかったのだ。」「何と空しいことだろう！この考えに取り憑かれ、心は閉ざされ、何十年もなりわいとしてきた音楽をきくための窓をあける気力もないまま、私は時を過ごしていた。」「その時、バッハが来た。それも《マタイ受難曲》やカンタータの類いではなく、まず《平均律クラヴィーア曲集》全二巻。これをききだして、私はこの不条理の世界にも何かの秩序がありうるのではないかという気がしてきた。その秩序がどういうものかはわからない。きいたあとは不条理、無意味の苦い思いは消えず、また戻ってくる。しかし、この音楽が続く限り、心が静まり、世界には何もないのかもしれないが、その空虚の中で空虚のままにひとつの宇宙的秩序とでもいうべきものが存在しているのかもしれないという気がしてくる」（「不条理と秩序」、『たとえ世界が不条理だったとしても』朝日新聞社、二〇〇五より）。

バッハは自筆譜の最後にＳＤＧと記しました（soli deo gloria〈ただ神に栄光のみ〉の略）。「バッハは作曲したというより天上の音楽を写譜した」とはある人の言葉です。然り、その通りです。バッハは音楽を通して嘆く者たちのために天からの慰めの祈りを届けたのではないか、私にはそう思えてなりません。

（二〇二一年三月号）

キリストと共に復活のいのちを生きる

「わたしにとって、生きるとはキリストであり、死ぬことは利益なのです。」(フィリピ一・二一)

イースターおめでとうございます。主のご復活は万物を新たな光の中に置きました。十字架ですべてが終わったと思われた中、復活の光の中ですべてが反転します。死は終わりではなく墓は終着駅ではないことが高らかに宣言されたのです。復活こそ私たちの希望の光。「わたしは復活であり、命である。わたしを信じる者は、死んでも生きる。生きていてわたしを信じる者はだれも、決して死ぬことはない。このことを信じるか」(ヨハネ一一・二五~二六)。これは人間には語り得ない言葉、ただ主だけが語り得た言葉です。勝利者キリストによって死は死を迎え、罪には終止符が打たれたのです。

聖書は多様な死生観を提示しますが、今回はパウロに聴いてゆきましょう。主の復活について最古の証言は第一コリント書にあります。ギリシャという土地柄もあってか、コリント教会には復活に懐疑的な者たちが少なからずいたようです。死者の復活についてパウロはその一五章で明確に語ります。(旧約)聖書に書かれている通り、イエスは死んで三日目に復活し、ケファら十二弟子に現れ、五百人の兄弟たちに現れ、主の兄弟ヤコブと他の使徒たちに現れ、最後にパウロ自身に現れた、と（一五・一〜八）。これが初代教会の信仰伝承でした。彼によれば、キリストを信じて洗礼を受けた者はキリストと共に十字架に架けられてその死に与り、その復活の力に与ってキリストと共に新しい生命に生きる。そのことが確かな希望として与えられているのです（ローマ六・三〜八）。そこでは復活はどこまでも「からだの復活」であって、「霊魂の不滅」ではありません。混同しないように気をつけたいところです。

エフェソの獄中でパウロは、自らの死を強く意識しつつ、キリストを死人の中から復活させた神に希望をかけます（二コリント一・八〜一〇）。獄中書簡のフィリピ書にははっきりと死を覚悟した言葉がありま す。「わたしにとって、生きるとはキリストであり、死ぬことは利益なのです」（一・二一）。それが後にはこう展開されてゆく。「わたしたちは、生きるとすれば主のために生き、死ぬとすれば主のために死ぬのです。従って、生きるにしても、死ぬにしても、わたしたちは主のものです。キリストが死に、そして生きたのは、死んだ人にも、生きている人にも主となられるためです」（ローマ一四・八〜九）。そのようにキリスト者は死者と生者の双方の救い主である主を信じるのです。生も死もすべて神の御手のうちに置かれている。いついかなる時にも、主が私たちと共にいてくださいます。主の復活の喜びを共に言祝ぎたいのです。

（二〇二一年四月号）

風のそよぎを感じたか

「風は思いのままに吹く。あなたはその音を聞いても、それがどこから来て、どこへ行くかを知らない。」（ヨハネ三・八）

風薫る五月。しばらく前の大河ドラマに宮本武蔵が描かれたことがありました（原作・吉川英治、二〇〇三年、ＮＨＫ）。史実かフィクションかは定かではありませんが、私には忘れられない一場面がありま す。若い頃の彼は大変な狼藉者で、有り余るエネルギーを持て余し、「武者修行」と称しては道場破りを繰り返している。ある時彼は藤田まこと演ずる新陰流・柳生石舟斎の道場を訪ねます。相手に果敢に挑みかかってはゆくものの素手の石舟斎に全く敵わず、完膚なきまでの敗北。茫然自失した武蔵に石舟斎はこう問うのです。「お前は風のそよぎを感じたか。鳥の声、せせらぎの音が聞こえたか」。武蔵はハッとします。言われてみれば確かに周囲には風がそよぎ、土が香り、鳥の声や水の音がしている。しかし自分は相手を打ち負かすことばかり考えていて、外界で起こっていることを何も感じていなかったことに気づく。それは打ち砕かれた武蔵にとって、モノローグ的な生からダイアローグ的な生へのコペルニクス的転換を促す声でした。そこから彼はやがて「剣聖」と呼ばれる至高の歩みを成し遂げてゆくことになります。

　このエピソードは私たちに、内に閉ざされた自己完結的な生を超えた、外に向かって開かれた対話的な生の次元があることを教えています。マルティン・ブーバーの表現を借りれば、根源語〈われ－それ〉だけを語る次元から根源語〈われ－なんじ〉を語る次元への神の恩寵による突破です。私たちは何かに燃えている時にも、逆に何かに悩む時にも、周囲が見えなくなることが少なくありません。そのような時には五感を開いて周囲の世界を感じてみる。するとそれまでとは違った視点が与えられ、見えなかった次元が見えてくることがある。私の関わっている「グリーフケア」や「スピリチュアルケア」は、ケアの中心にこのようなダイアローグ的な在り方を据えています。

　イエスも言われました。「野の花、空の鳥を見よ」（マタイ六・二五～三四）。五感を用いて周囲に目を向けてみる。するとそこに風のそよぎを感じることができる。風は思いのままに吹くのです。寅さんも言いました。「風の吹くまま、気の向くままよ」。かつて福山にいた時、地区牧師会の説教セミナーに関田寛雄先生をお招きしたことがありました。『男はつらいよ』をこよなく愛する先生は、「これは極めて聖書的な言葉です」と言ってヨハネ福音書三章八節を引かれました。強く印象に残っています。喜びの時にも悲しみの時にも私たちも天からの風を感じて生きたいのです。聖霊降臨日を前にそのように思わされています。


（二〇二一年五月号）

打ち砕かれ悔いる心を求められる神

「しかし、神の求めるいけにえは打ち砕かれた霊。
打ち砕かれ悔いる心を、神よ、あなたは侮られません。」（詩編五一・一九）

二〇〇二年でしたか、潮見のカトリック中央協議会での「インターネットと教会」という講演会に足を運びました。教会のウェブサイト立ち上げの参考にするためでした。講師はカトリック新聞の松隈康史氏。氏は現代社会の持つ三つの特徴を挙げました。①「コンビニ時代」、②「多チャンネル時代」、③「インターネット時代」の三つです。現代社会は人間の「肥大化した自我の欲望」を満足させる方向で「進化」してきたというその指摘は的確であり印象的でした。①「コンビニ時代」。必要なものがあっても以前は夜には店が閉じていて朝まで我慢しなければならなかった。しかし今やコンビニは二十四時間オープン。実にコンビニエント！　いつでも必要なものが簡単に入手できる。我慢する必要はないのです。②「多チャンネル時代」。昔はテレビで野球のナイター観戦をしていても、時間になると途中で終了。「嗚呼、せっかくいいところなのに！」と慌ててラジオに切り替えたりしたものです。しかし今や多チャンネル時代。放映が途中で終わることはありませんし、留守録にすれば好きな時にいつでもそれを再生できる。自分のペースで存分に楽しめる時代なのです。③「インターネット時代」については言わずもがな。自分の関心に沿って、いつでも自在にネットサーフィンが可能となっています。確かにこれらの三つは便利にも自我の欲求を満足させてくれます。もちろんアディクティブな危険性があることにも注意しておかなければなりませんが。

　しかし松隈氏はこう指摘されたのです。私たちは自我や欲望の肥大化の延長線上ではキリストに出会うことはできないのではないかと。ハッとしました。確かに私たちは「自我」が打ち砕かれる中でキリストと出会う。神は「打ち砕かれた霊・魂」を喜ばれるのです。教会のホームページは確かに教会を紹介する入口になったとしても、そこにはやはり信仰者の具体的な交わりが求められてゆきます。もちろんインターネットを通しても神の聖霊は働くことでしょう。「風は思いのままに吹く」のですから（ヨハネ三・八）。私たちは「打ち砕かれ悔いる」体験を通して、その独り子を賜るほど深い神の愛と憐れみを知る。私たちの教会の交わりがそのような次元を備えているかは問われることでしょうが、個々の〈われ－なんじ〉の出会いを通して悔い改めは生起するのです。

　後日談があります。二〇一七年の宗教改革五百年大会（浦上天主堂）で私は偶然松隈氏と再会しました。「神のなさることは皆、その時に適って美しい」（伝道の書三・一一）。偶然は神の必然でもあると改めて思わされた次第です。

（二〇二一年六月号）

恥と罪

「ところが、まだ遠く離れていたのに、父親は息子を見つけて、憐れに思い、走り寄って首を抱き、接吻した。」（ルカ一五・二〇b）

私の神学校の卒論は「ルターとボンヘッファーにおける『罪の告白』（Beichte）の神学」（一九八六）。当時二十九歳の私にはまだ「罪責感情（罪・Guilt）」という次元しか見えていませんでした。やがて九年の牧会経験を経て米国で学ぶ機会が与えられます。二年の格闘の末に辿り着いた主題は〝Ministry to the Shame-bound Japanese〟（「恥の意識の強い日本人に対するミニストリー」一九九七）。人生の午後が始まろうとする四十歳にしてようやく「羞恥感情（恥・Shame）」の次元が見えてきたのでした。

両者は共に深い痛みを伴う感情であり重なり合うことも少なくありませんが、区別が必要です。両者には異なる対処が求められるからです。罪が「行為の次元」における痛みであり悔いであるのに対し、恥は「存在自体の次元」における痛みであり悔いだからです。存在は行為に先立ちその前提となっているように、恥は罪よりも深いところに位置しているのです。「恥ずかしくて、穴があったら入りたい」という表現自体が自己の存在を抹消したいということを表していることからもそれは分かります。
現に聖書では恥の方が罪より先に登場します（創世記三・六〜一〇）。また、強い恥意識を持つ人は強い誇りの意識をも併せ持ち（職人気質など）、両者は一対であり表裏一体の関係にあります。罪からの解放には「罪の赦し」が必要ですが、恥からの解放にはあの放蕩息子の父親のように、「ボロボロになった惨めな（無力さをuncoverされた）自分をありのままで受容（cover）してくれる愛」が必要なのです（ルカ一五・二〇）。そこでの父親は、父性的な愛の体現者であるよりむしろ母性的な愛の体現者でした。そのように恥の次元に気づいた私には、福音の喜びがより複合的・立体的に見えてきました。主の十字架は私たちを罪の痛みからだけでなく、恥の痛みからも解放してくれる和解の出来事だということに深く気づかされたのです。

「恥の多い生涯を送って来ました」と主人公に語らせたのは太宰治（『人間失格』）でした。遠藤周作がキリスト教を「母なる宗教」と呼ぶ時、自らの無力さと恥に苦しむ者をそのままで抱きとめる「母なるキリスト」の姿をそこに見ているのだと私は思います。恥の研究を通して出会った二つの名言を紹介しましょう。「高くジャンプするためには低く屈まなければならないように、恥意識の強さはその人の魂の飛翔性の高さを示している」（マックス・シェーラー）。「自分がどうしようもないと思うまさにその一点こそ、神がご自身の聖名（イエス・キリスト）を署名してくださった一点である。なぜなら神こそが、私たちのために無となってくださったお方なのだから」（トマス・マートン）。

（二〇二一年七月号）

韓国・巡礼の旅

「そのとき、イエスは言われた。『父よ、彼らをお赦しください。自分が何をしているのか知らないのです。』」（ルカ二三・三四）

一九九一年八月六日～十三日の「韓国・巡礼の旅」（西教区・平和と核兵器廃絶を求める委員会）からちょうど三十年。暑い夏のことでした。「過去に目を閉ざす者は、現在に対しても目を閉ざす」（ヴァイツゼッカー）。過ちを繰り返さないために過去を心に刻んで想起し続けることが求められています。内海望議長から韓国ルーテル教会の池元祥《ジウォンサン》議長宛の書簡にその目的が記されています。「これは私たちＪＥＬＣの宣教百年を前にして、過去の検証と罪責告白とを目的としたメタノイアの旅です。そしてそれは過去への旅でもあると同時に、新しい未来に向かっての旅でもあります」。私たちを受け入れてくださった韓国の関係者の皆さまに心より感謝いたします。

団長が武村協委員長、私が世話役、私の妻・金賢珠《キムヒョンジュ》が通訳。参加者は西教区の水野登美子氏、高田敏尚氏、仙台の杉山昭男牧師と伊藤節彦氏、熊本の斉藤忠碩牧師、神学校の永吉秀人チャプレン、白川道生、三浦知夫神学生ら総勢二十七名（三歳と一歳の我が子を含む）。八月六日、広島平和公園の「外」にあった韓国人原爆犠牲者慰霊碑の前で祈りを捧げ旅は始まりました。関釜フェリーで釜山に渡り、慶州ナザレ園、ソウルへと進みます。九日に三・一万歳運動が始まったパゴダ公園、景福宮を遮るように建てられていた旧朝鮮総督府（当時はソウル国立中央博物館。一九九五年解体撤去）、十日には天安の独立記念館と堤岩里《チェアムリ》教会。記念館では蝋人形で「天皇の軍隊」による拷問場面が再現されていて、韓国の小学生たちと一緒に観ることになりました。堤岩里の生き証人の田同禮《チョンドンネ》ハルモニにはお会いできませんでしたが、ハルモニは七十二年間毎日欠かさず事件の起こった午後二時に日本のために「彼らをお赦しください。何をしているか分からずにいるのです」と祈り続けてこられました。在日コリアン参加者の「どうしても私は日本人を赦せない」という言葉に私たちはただうつむくばかりでした。十一日（日）早朝、南山の安重根《アンジュングン》義士記念館を訪ね、歩いて中央ルーテル教会に移動。主日聖餐礼拝では私が英語で説教し、中央教会の金海喆《キムヘチョル》牧師が通訳をしてくださいました。金先生の「どうぞ配餐は日本語でしてください」という声と温かい握手に私の目からは熱いものが溢れ出て止まらなくなりました。赦していただいた。それは私にとって和解の体験でした。昼食会の午後三時からは韓国原爆被害者協会会長の辛泳洙《シンヨンス》氏からの被爆証言です。いずれの場所でも私はいたたまれない気持ちになり、自分が日本人であることを深く恥じ入りました。しかしこれが私の原点となっています。アジアと向かい合う時には過去の罪責を踏まえつつ、主の憐れみのうちに未来の和解に向かって共に歩みたいと願っています。

（二〇二一年八月号）

左手のピアニスト

――舘野泉

「後の世代のためにこのことは書き記されねばならない。『主を賛美するために民は創造された。』」（詩編一〇二・一九、新共同訳）

芸術の秋。舘野泉というフィンランド在住のピアニストがいます。二〇〇二年一月のタンペレでの演奏会、最後の和音を弾き終わったところで脳溢血に倒れます。六十五歳。以降は後遺症のため右半身不随。リハビリに励みますが右腕は動きません。一年半ほど経った頃に米国留学中のヴァイオリニストの息子さんが「お父さん、このような楽譜を見つけたよ」と左手のためのピアノ曲をそっと傍らに置いてくれました。その時はピンときませんでしたがある時にハッとします。「そうか、両腕でなくても、片腕でも音楽は表現できるのか。」すぐに日本の友人の作曲家に電話をして、一年後に日本で復帰リサイタルを開くからと左手のためのピアノ曲を作曲依頼。二〇〇四年に東京・大阪・福岡・札幌で「左手のピアニスト」として演奏会を開きました。病に倒れて二年半後のことでした。

舘野氏の言葉です。（四十周年の演奏会が）「終わって一ヶ月も経たないうちに、演奏中にステージで脳溢血に倒れ、半身不随になった。もう、演奏家としては終わりだと思った。二年半の闘病生活を経てステージに復帰したとき、自分は左手のみで演奏するピアニストになっていた。でも、また演奏が出来るということがただただ嬉しかった。嬉しくて嬉しくて、自分が左手だけで演奏しているとか、不便不自由であるとか、そのようなことは一切感じなかった。弾いているのは音楽なのである。片手であろうが両手であろうが、手が三本であろうが、そんなことはまったく問題にならない。ただ、演奏出来る曲目が少なかったのは事実である。しかし、少なければ書いてもらえばよい。間宮芳生さんの《風のしるし・オッフェルトリウム》が邦人初めての左手の作品として埋められ、林光、吉松隆、末吉保雄、谷川賢作など多くの作曲家達がそれに続いた。……世界の各地からも作品が寄せられている。……限りなく豊かな思念、詩情、情感、夢が、そして人の心を満たし動かしてくれるものが生まれ続けている。なんと有難いことだろう。」（演奏生活五十周年演奏会ちらしより）

詩編一〇二編には「祈り。心挫《くじ》けて、主の御前に思いを注ぎ出す貧しい人の詩」とありますが、その一九節は深く心に響きます。「後の世代のために　このことは書き記されねばならない。『主を賛美するために民は創造された』」。そこには苦難を味わい尽くした者だけが到達できる次元がある。主を賛美するためこの人生は与えられた！　私たちも与えられた今ここを大切にしてゆきたいのです。

（二〇二一年九月号）

神無月に

――魂のための時間

「順境には楽しめ、逆境にはこう考えよ、人が未来について無知であるようにと。神はこの両者を併せ造られた、と。」（コヘレト七・一四）

「健康は人を外に向かわせ、病気は人を内に向かわせる」と言われます。確かに逆境の時は私たちを内へ内へと深く沈潜させてゆく内省の時であり、自己のレジリエンスを鍛錬する時でもある。「順境には楽しめ。逆境には考えよ」とコヘレトが告げている通りです。

昨年二月以降のＣＯＶＩＤ-19による世界的なパンデミックは私たちを内面深く沈潜させてゆきました。この状況はいったいいつまで続くのでしょうか。「外的奉仕のための内的集中」（ボンヘッファー）という言葉については前に触れたことがあります（二〇二〇年五月号）。確かに外に向かって奉仕するためには内的に集中して力を蓄える必要がある。何事もバランスです。

動物写真家の星野道夫さんが紹介しているエピソードです（『旅をする木』）。南米のアンデス山脈で考古学の発掘調査のためガイドとして現地の案内人たちが雇われます。調査隊の一行はある地点までは順調に進んできたのですが、ある時にガイドたちがピタッと止まってまったく動かなくなってしまった。ストライキと思った調査隊は困ってお金をさらに支払うからと交渉する。しかし彼らは座ったまま一歩も動こうとしない。曰く、「我々はあまりにも速く来すぎてしまった。だからここで、魂が追いついてくるまで待つのだ」と。ハッとさせられます。魂がからだに追いついてくるための時間とは……。私たちもこれまで急いで歩み過ぎてきたのかも知れません。魂が追いついてくるまでを待つ時間としてこの時が与えられたと受け止めることもできましょう。

それにしても魂のための時間とはどのような時間か。コヘレトは告げています。「人が未来について無知であるようにと神はこの両者（順境と逆境）を併せ造られた」と。本来魂は神に向かって造られていますので、それは神に思いを向ける時です。詩編の言葉を想起します。「静まって、わたしこそ神であることを知れ」（四六・一〇、口語訳）。〝Be still, and know that I am God!〟（ＮＲＳＶ）。立ち止まって沈思黙考し、自らを省みると共に神に思いを向け祈る時。魂が追いついてくるまでの静謐《ひつ》の時としてこの時を位置づけたいと思います。

十月は樹木の葉が微妙な寒暖の変化の中で美しくその色合いを変えてゆく季節。日本では古来「神無月」と呼ばれる月であり（島根県出雲地方では「神在月《かみありづき》」ですが）私たちの教会にとっては宗教改革の月。それはまた私たちが魂の在処を確認する月でもある。じっくりとこの時を味わってみたいのです。

（二〇二一年十月号）

慰められる声の力
――『グレイスフル・パッセージズ』

「地震の後に火が起こった。しかし、火の中にも主はおられなかった。火の後に、静かにささやく声が聞こえた。」（列王記上一九・一二）

十一月は死者を覚える月、私たちにつながる大切な人々のことを想起する時です。私たち夫婦は二〇〇六年から二〇一七年にかけて親を見送ってきました。それ以来最も慰められてきたオーディオブックをご紹介させてください。タイトルは〝Graceful Passages – A Companion for Living and Dying〟（二〇〇三）。そこに収められているのはキリスト教、ユダヤ教、仏教、儒教等の宗教者と終末期ケアに関わってきた十二人の英語のメッセージと音楽です。たとえば、『死ぬ瞬間』で知られるエリザベス・キューブラー＝ロス、ラム・ダス、ティクナット・ハン、マハトマ・ガンジーの孫等の声が、文字としても記録されていて貴重な歴史証言となっています。

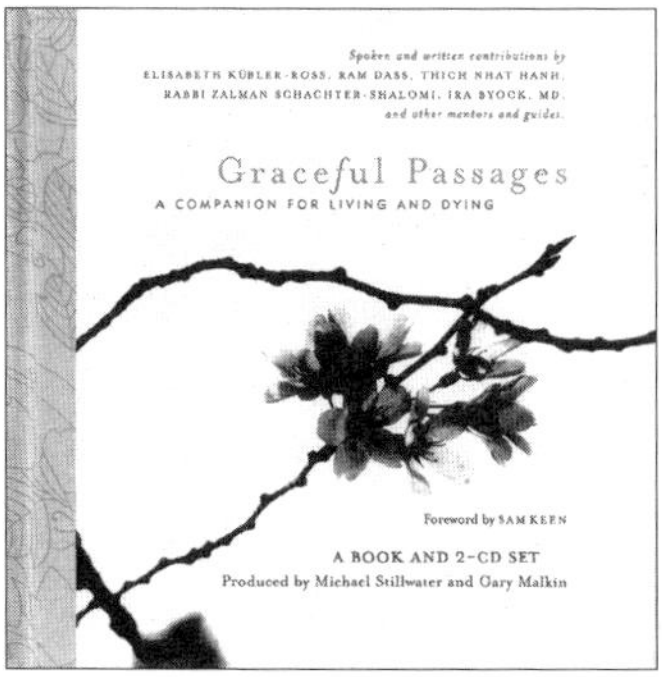

このCDアルバムは私たち夫婦を深いところで慰め、支え、励ましてきてくれました。メッセージの内容は多様ですが、一つ一つがインスピレーションに富み、声とことばと音楽が深く心に響きます。聖書で「霊」は「息」とも「風」とも訳されますが、それらのメッセージの息遣いは霊の臨在をすぐ身近に感じさせてくれ、悲しむ者に不思議な慰めを与えてくれます。呼吸が楽になるのです。私たちはこれまで少なからぬ方々にこのアルバムをお贈りしてきました。

特に最初のLew Epstein（一九一九〜二〇〇三）の〝Letting Yourself Be Loved〟というメッセージ。息子や娘、父や母など家族の一人ひとりに「ごきげんよう」と親しく呼びかけながら、「私を愛してくれてありがとう。私にあなたを愛させてくれてありがとう」と別れを告げる声は聴く者の魂に響きます。〝Farewell（ごきげんよう）〟とは、なんと美しく響くかで温かな響きを持つ言葉なのでしょうか。それが私たちの心に深く響いてくるのは、親にきちんと感謝と別れの言葉を告げることができなかったという悔いが私のうちに残っているためでしょうか。御国においてもし再会が許されるならば、いろいろと話してみたいと思っています。

ＣＯＶＩＤ–19によって世界ではこれまで五百万人もの貴い生命が失われました。ここかしこから嘆きの声が聞こえてくるように思います。天に召された者の魂のために、そして遺された者の魂のために、主の慰めととこしえの平安をお祈りいたします。

“Requiem aeternam nobis pacem Domine.”

（二〇二一年十一月号）

マリアの信仰

「お言葉どおり、この身になりますように。」（ルカ一・三八c、協会共同訳）

受胎告知時にマリアはおそらく十三～十四歳前後。今とは単純に比較できないでしょうが、その頃は身体的にも精神的にも子どもから大人に移り変わってゆく不安定な時期。第二反抗期のまっただ中、自身のアイデンティティを確立するための大切な時期です。その意味でこの出来事は、マリアのみならず私たち自身のアイデンティティ確立の物語として捉えることもできましょう。向こう側から私たちに呼びかけてくる「永遠の汝」との関係の中に私たちは創造されています（創世記一・二七、二・七）。私たちは神との対話的人格的な応答関係の中に生きるのです。まず神が私たちの名を呼びます。「アダムよ、アダム」。そして私たちが答えるのです。「はい、主よ。私はここにおります」。

天使の突然の来訪はマリアにとっては晴天の霹靂《へきれき》、さぞかし驚いたことでしょう。聖書でのイニシアティブは常に神の側にあって、神の呼びかけを人が受け止めることになる。私たちに予測はできないし、気づかないと応答できない。ノックの音が聞こえて初めて私たちは扉を開けることができるのです。「見よ、わたしは戸口に立って、たたいている。だれかわたしの声を聞いて戸を開ける者があれば、わたしは中に入ってその者と共に食事をし、彼もまた、わたしと共に食事をするであろう」（黙示録三・二〇）。目を覚まし、耳を澄ませて神からの呼びかけに備えていたいと思います。

福音書では「天使」はクリスマスと荒野の誘惑、復活の三場面にしか登場しません（言葉としてはイエスの話にしばしば出て来ますが）。文字通り「天使」とは神からの使者であり、人と超越的な次元とをつなぐ仲介的な存在です。ボンヘッファーの獄中書簡から作られた讃美歌『善き力にわれかこまれ』（讃美歌21四六九番）は、教会讃美歌二六六『いま主のみ前を』同様、天使の存在を前提としています。

マリアの天使への応答は私たちの魂を揺さぶります。「私は主の仕え女です。お言葉どおり、この身になりますように」（ルカ一・三八、協会共同訳）。「マグニフィカート」（ルカ一・四七～五五）につながるマリアの信仰告白。自分の理解を超えていたとしても、黙ってすべてを神の御心として受け止めてゆく謙遜と従順。そしてみ言葉への絶大な信頼と全面降伏《サレンダー》。「信仰の父」アブラハムの姿とも重なります。天使はそのようなマリアに「おめでとう、恵まれた方。主があなたと共におられる。」（ルカ一・二八）と祝福を宣言しています。このように天からの祝福の声を聴き取ることができる者は幸いです。皆さま、よきクリスマスをお迎えください。

（二〇二一年十二月号）

〈われとなんじ〉と〈われとそれ〉

「ひとは世界にたいして二つのことなった態度をとる。それにもとづいて世界は二つとなる。ひとの態度は、そのひとが語る根源語の二つのことなった性質にもとづいて、二つとなる。根源語は孤立した語ではない。複合的な語である。根源語の一つは〈われ〉－〈なんじ〉であり、他は〈われ〉－〈それ〉である。」

（マルティン・ブーバー『我と汝』、野口啓祐訳、講談社学術文庫、二〇二一、八頁）

安倍川上流にあった梅ヶ島ルーテルキャンプ場で、学生時代にある方から教えていただいたブーバーの『我と汝』。この本との格闘を通して私は対人関係の基本を学んできました。原著〝Ich und Du〟（一九二三）がドイツ語で出版されて来年でちょうど百年。対人援助職にとっての古典的名著です。

ドイツ語には「あなた」を意味する〝Sie〟と〝Du〟という二語があり、前者は丁寧な呼び方、後者は親しい間柄で用いられる親称。冒頭のように『我と汝』は数学の公理の提示のように始まり、とても難解で十八歳の私には全く歯が立ちませんでした。以来四十六年間、繰り返し読む中で見えてきたことは、世界は私の語る根源語の二重性に応じてその姿を変えるということです。ヘブル語の「ダバール」という語は「言葉」を意味すると同時に「出来事」をも意味します。言葉を語ることは出来事が生起することでもある。根源語〈われ‐なんじ〉は、相手を人格的な応答関係の中に捉えるダイアローグ的で全人的な態度。根源語〈われ‐それ〉は、相手を徹底的に自分の経験・利用の対象として捉えるモノローグ的な態度。前者の例としてブーバーはソクラテス、ブッダ、イエス、ゲーテを、後者の例としてナポレオンを挙げます。もちろん、物質が悪ではないように〈われ‐それ〉を語ること自体は悪ではありません。〈われ‐なんじ〉関係は過ぎ去ってしまうと「過去の記憶」という〈それ〉になってしまう。ブーバーはそれを「大いなる悲哀」と呼びます。〈われ‐なんじ〉の出会いは天からの恩寵であって、人間が探し求めることによって獲得できるものではありません。「すべての真の生とは出会いである」。

ユダヤ人思想家であったブーバーは旧約聖書のドイツ語翻訳者としても知られています。「〈われ‐なんじ〉の延長線上には〈永遠のなんじ〉が垣間見える」とか、「個々の〈われ‐なんじ〉の出会いの延長線は〈永遠のなんじ〉の中で交わる」という表現から分かるように、ブーバーは「あなた（Du）」と親しく呼びかけてくださる神を「永遠のなんじ」と呼び、個々の具体的な〈われ‐なんじ〉の出会いを通して永遠のなんじが私たちに呼びかけておられると見ているのです（民数記一二・六、申命記五・一）。

新しい年も、耳と目と心を一つにしてそれらを十全に用いて神の声に聴いてゆきたいと念じています。この主の年二〇二二年が、皆さまお一人おひとりにとって〈永遠のなんじ〉との豊かな対話という祝福のうちに置かれた一年でありますようお祈りいたします。

（二〇二二年一月号）

sola gratia（恵みのみ）
――母の胎にいる時から

「私はあなたを胎内に形づくる前から知っていた。母の胎より生まれ出る前にあなたを聖別していた。諸国民の預言者としたのだ。」（エレミヤ一・五、協会共同訳）

パウロは自らの召命をエレミヤと重ね合わせています（ガラテヤ一・一五）。ダマスコ途上で復活の主に呼び止められて劇的な回心をするまでのパウロはファリサイ派の若きリーダー、キリスト教の迫害者でした。彼は最初の殉教者ステファノの死にも立ち会っていた（使徒八・一）。自らを「罪人の頭」（一テモテ一・一五、協会共同訳）と呼ぶ背後にはそのような苦い思いもあったのでしょう。しかしキリストと出会ってパウロは全く新しい人間に生まれ変わります。ローマ書で言えば七章から八章への劇的な転換を体験したのです。キリストとの出会いがすべてを不可逆的に反転させた。彼は記します。「私はなんと惨めな人間なのでしょう。罪に定められたこの体から、誰が私を救ってくれるでしょうか」（ローマ七・二四、協会共同訳）。それに続けて神を讃美します。「私たちの主イエス・キリストを通して神に感謝します」（ローマ七・二五、協会共同訳）。この二つの節の間には人間には乗り越えられない深淵がある。それを向こう側から乗り越えてくださったお方がいる。主イエス・キリストです。キリストと出会ったこの喜びは生涯彼を捉えて放すことはありませんでした。フィリピ書三章には彼のキリスト体験以前と以後の価値の転換が告げられています。かつて「利益」と思っていたことはすべて「主イエス・キリストを知ることのあまりのすばらしさ」に色褪せてしまった（三・八）。「キリストの真実（ピスティス）」によって義とされたパウロはその根底から新たにされたのでした。そこから遡ってすべてを振り返った時にパウロに見えてきたものの、それは自分が母の胎内にある時に既に恵みの神によってコールされ祝福されていたという根源的な事実でした。神は「母の胎にいるときから私を選び分け、恵みによって召し出してくださった」お方なのです（ガラテヤ一・一五、協会共同訳）。

個人的なことですが私の名はその誕生日に由来し、米国初代大統領から取られています。外国でも通用する名をという父の願いもあったようです。漢字は母の好きだった童話作家・坪田譲治から取られました。「譲り治める」という意味の名を私自身は気に入っていますが、大統領とは何と大それたことかと思います。総会議長のことを英語ではPresidentと呼ぶので、今はそこに不思議なシンクロを感じています。「命名」は天からの祝福を願う親の「祈り」の行為です。既に母の胎にいる時に私たち一人ひとりは神によって召し出されている。「あなたは私の愛する子、私の心に適う者」（マルコ一・一一）という神の確かな声が一人ひとりの魂の底には今もなお響き続けているのです。

（二〇二二年二月号）

「二つのJ」を愛する
――文楽・豊竹呂太夫

「シモン・ペトロが、『あなたはメシア、生ける神の子です』と答えた。」（マタイ一六・一六）

内村鑑三に「われは二つのJを愛する。即ちJesusとJapanを」という言葉があります。確かに私たちの国籍は天にあるとしても、両者は共に天から贈り与えられている賜物。遠藤周作は洋服のキリスト教を和服にすることを自らの主題としましたが、ともすれば異質なこの二つのJをどのように統合するかは日本に生きるキリスト者一人ひとりに求められている課題でありましょう。キリスト教の「日本文化内開花・土着化・文脈化」です。

大阪教会員の林雄治さん（一九四七〜）は二〇一七年四月に「六代目・豊竹呂太夫《ろだゆう》」を襲名された文楽太夫です。襲名に合わせて『文楽　六代豊竹呂太夫・五感のかなたへ』を出版（創元社、二〇一七。Kindle版あり）し、その面白さを分かり易く伝えています。文楽は江戸時代大阪で生まれた人形浄瑠璃で、日本の重要無形文化財、ユネスコの無形文化遺産。人形と太夫と三味線が三位一体のような役割を果たしますが、氏はお客さんを含めそれを「四位一体」と呼びます。「お客さんは、喜怒哀楽を巧みに演じる『意思のない人形（木片）』に自分を投影しつつ、己の想像力によって喚起される「私」自身の物語に出会うわけです。この『四位一体』総がかりのすさまじいエネルギーで物語が展開されていく文楽の舞台。これがもう三百年以上続いてきまして、伝統芸能、古典芸能と呼ばれる所以です」（朝日新聞社『論座』二〇〇二年一月三日掲載記事より）。

氏は二〇〇〇年に豊竹英太夫《はなふさだゆう》という名で新作『Gospel in 文楽〜イエスの生誕と十字架』を創作。これまで人形入りで十七回公演されてきました（DVDあり。一部 YouTube で視聴可能）。「もろ人の罪を贖わんと十字架にかかりたもう、人となりたる生ける神なり、生ける神なり」という語りは観る者の心にダイレクトに響きます。二〇一七年十月二十九日に大阪教会で宗教改革五百年を記念し『楽劇「ルター」〜文楽とルネサンス・ダンスの邂逅』（上村敏文作）の中で『ゴスペルイン文楽』を抄演していただきました。この記録DVDをドイツや米国の教会に持参したところ大変に喜ばれています。キリスト教日本文化内開花の一つの貴重な実践例です。本年七月六日には兵庫県立芸術文化センターで十八回目の公演が行われるので今から楽しみにしています。天から賜った「二つのJ」を恵みとして深く味わいたいものですね。

（二〇二二年三月号）

「聖なるもの」との出会い
――おそれとおののき

「これを見たシモン・ペトロは、イエスの足もとにひれ伏して、

『主よ、わたしから離れてください。わたしは罪深い者なのです』と言った。」（ルカ五・八）

「目の前に美しい花があってもそれを美しいと感じる心が私になければ、その花と出会うことはできない」。これは学生時代に美学の集中講義で今道友信先生から学んだことでした。確かに道端に咲く花の美と出会うためにはそれに気づく感性が求められる。でなければ素通りしてしまうことでしょう。逆に言えば、自らの感性を研ぎ澄ますことができれば、どこにおいても真・善・美という普遍的な価値に出会うことができるということになる。そのためにも「ホンモノとの出会い」が必要となります。それはハッと思わず息を飲むような体験、深い感動を内に呼び覚まされるような体験です。ゲーテはファウストに「時よ、止まれ。お前はそのままで美しい」と言わせました。確かにそのような至高体験は、「今・ここに・私は・生きている」という鮮烈な実感を与えてくれます。山頂での御来光、澄み切った紺碧の空、たゆたう白雲、陽光にきらめく川面、自由に飛翔する鳥たち、夜空の満天の星、突然の虹の出現、等々。絵画や

音楽、映画など芸術作品や書物との出会いもありましょうし、日常生活でのさりげない思いやりの言葉やしぐさに深く感じ入ることもある。

「聖なるもの」との出会いの場合はどうか。その時私たちは畏怖の念に打たれます。「しかしお言葉ですから」（ルカ五・五）と網を打ち、思わぬ大漁に接したペトロはイエスの前にひれ伏します。「主よ、わたしから離れてください。わたしは罪深い者なのです」（同五・八）。彼はそこで聖なるお方と出会って震撼させられたからです。私たちも同じです。強い畏怖の念に打たれると同時に、自分はその前に立つ資格がない、相応しくないという恥と怖れに満たされる。主日礼拝の中に二つの「告白」（罪と信仰）があるのもむべなるかなです。コインの両面のようにそれらは表裏一体、不即不離の関係にあるのです。

復活の主と出会った弟子たちも同じでした。彼らは素直にはイエスとの再会を喜べなかったはずです。主を見捨てて自分は逃げてしまったという苦い記憶が影のようによみがえってきたことでしょう。自分は必ず裁かれると恐怖したかもしれません。まばゆい光の前では濃い影ができるのと同じです。しかし主は彼らの心の動きをよくご存じでした。「（恐れるな。）あなたがたに平安があるように」（ヨハネ二〇・一九）。復活者の確かな声は弟子たちの複雑な思いを瞬時に消し去ります。完全な赦しと受容の宣言。み子なる神の力ある確かな声が人間の恐れとおののきを揺らぐことのない歓喜へと変えてゆきます。このような聖なるお方との出会いこそが、私たちを根底から新たに造り変えてゆくのです。

（二〇二二年四月号）

インマヌエル
――清濁併せ呑む信仰のリアリズム

「見よ、おとめが身ごもって男の子を産む。その名はインマヌエルと呼ばれる。」(マタイ一・二三)

世界状況が緊迫し混沌としているためでしょう、マタイ福音書の「インマヌエル」が強く私に迫ってきます。それはイエスの誕生予告にイザヤの預言の引用として出てくる言葉です(イザヤ七・一四、八・八、八・一〇)。しかしマタイはその語を聖書全体の核心として捉え、それがイエスにおいて成就したことを高らかに宣言するのです。そして福音書は復活の主による弟子派遣の言葉で終わります。「私は天と地の一切の権能を授かっている。だから、あなたがたは行って、すべての民を弟子にしなさい。彼らに父と子と聖霊の名によって洗礼を授け、あなたがたに命じたことをすべて守るように教えなさい。私は世の終わりまで、いつもあなたがたと共にいる」(二八・一八b〜二〇)。マタイ福音書はインマヌエルに始まりインマヌエルに終わるのです。

この言葉は旧新約聖書全体の基調音です。「イエス・キリスト」という表現自体「イエスは私の救い主」という信仰告白です。井上洋治神父は「アッバ」(マルコ一四・三六)という一語の中にすべてを捉えました。マタイに従えば私たちの信仰告白はただ「インマヌエル、アーメン！」の一言だけでよいのです。

その視点からマタイ福音書を読み直してみると、彼の伝える信仰のリアリズムが透けて見えてきます。たとえば東からの博士たち。ヘロデ訪問の場面では人間の闇がリアルに描かれます。マタイは王と全住民の持つ闇を「不安」として描くのです（二・三）。彼らは等しく「ユダヤ人の王」によって自らが脅かされることを心底恐れました。その最たるものがヘロデによる嬰児虐殺です（二・一六）。なんと人間の闇は深くおぞましいことか。暗澹《たん》たる思いにさせられます。しかしまさにその闇のどん底でマタイは記すのです。救い主の誕生を告げる星の光が、確かに闇の中で輝いていることを。「彼らが王の言葉を聞いて出かけると、東方で見た星が先立って進み、ついに幼子がいる場所の上に止まった。博士たちはその星を見て喜びに溢れた」（二・九〜一〇）。マタイが記すインマヌエルのリアリティはこれなのです。その光が見る者を喜びに満たす。どのような闇もその喜びを消し去ることはできません。

次もマタイだけが記す言葉です。「施しをするときは、右の手のしていることを左の手に知らせてはならない」（六・三）。「だから、あなたがたは蛇のように賢く、鳩のように無垢でありなさい」（一〇・一六）。面白いですね。日本語の「清濁併せ呑む」という語を想起します。しぶとくしなやかに賢い、バランスある信仰をここで主は勧めているように思えます。私たちもそのような信仰のリアリズムに立ち続けたいのです。闇の中で希望の光は確かに輝いています。すべての人にインマヌエル、アーメン！

（二〇二二年五月号）

「メタ認知」と「メタノイア」

「命を救うために、神がわたしをあなたたちより先にお遣わしになったのです。」（創世記四五・五b）

二月二〇日（日）の第一日課は創世記四五章でした。兄たちの嫉妬により奴隷としてエジプトに売られたヨセフ。彼は天賦の夢解き能力を発揮して、その宰相にまで登りつめてゆく。長引く飢饉の中で食料を求め、父ヤコブによってエジプトに派遣された兄たち。彼らとの再会を通してそこに和解がもたらされてゆくというヨセフ物語の白眉とも呼ぶべき場面でした。

ヨセフは自分が奴隷として売られたことの中に神の御心があるとは思いもしなかったことでしょう。期せずして兄たちに再会した時、彼は過去を思い出して怒りを抑えられなかったのではないかと思います（創四二・七）。しかしヨセフは三度涙を流すのです（創四二・二四、四三・三〇、四五・二）。その三度の涙によってヨセフの目からはウロコが落ち、それまでは曇っていて見えなかった神の御心がハッキリ見えるようになる。神ご自身がこのために自分をエジプトに派遣されたのだと。

自己を超えた視点から自身を見つめることを「メタ認知」と呼びます。鏡に写る姿が自分であることを知るためにはこのメタ認知能力が必要となります。チンパンジーやオランウータン、イルカやヒトなど限られた動物にだけその能力は備えられているそうですが、イヌやネコなどはその力を持たないため鏡に写った自分を別の個体としか認識できないと言われます。人間でもある年齢にならなければそれが自分の姿だとは分かりません。ちなみに「メタ」という語はギリシャ語で「超越」を意味します。例えば「メタフィジクス」とは身体性や物質性を超えるところから「形而上学」と日本語に訳されます。

ヨセフは兄たちとの再会を通して神が自分に与えた使命を知ることができました。それは神の備えられた「和解の時」でもありました。そこに至るために彼は辛く長いトンネルを通らなければならなかった。日毎のＣＯＶＩＤ‐19やウクライナ危機の報道に接し私たちは断腸の思いを持ちます。一日も早く地上に平和と和解が回復されるよう切に祈ります。どこに神の御心はあるのでしょうか。

私たちにとって大切な瞬間は常に「水」の中から始まります。母の胎内では羊水において、罪からの解放は悔い改めの涙において、新しい人生は主の洗礼において。神の御心に心の目が開かれるというメタ認知の視点は、私の中では「メタノイア」（悔い改め）と重なります。ギリシャ語で「ノエオー」は「認識」を意味するからです。「認識を超越する」という神の視点によって私たちは涙と共に新たにされてゆく。「涙と共に種を蒔く人は、喜びの歌と共に刈り入れる。」（詩一二六・五）のです。

（二〇二二年六月号）

『小川修パウロ書簡講義録』（全十巻、リトン）完結

「神の義が、福音の内に、真実により信仰へと啓示されているからです。」（ローマ一・一七）

同僚たちと関わってきた仕事が一つ、この四月に終わりました。神学校での恩師・小川修先生（一九四〇〜二〇一二）が同志社大学の大学院で行ったパウロ書簡講義録を録音から起こす作業が完結したのです。十一年がかかりました。走馬灯のように幾多もの思い出が去来します。ガンで召された先生の納骨を小平霊園で行う最中にあの東日本大震災が起こります。ご遺族の許可を得て那須のご自宅に資料の発掘に行きました。全体を十巻に分け、ご遺族の援助の下で出版が始まります。四人で始めた作業は結局七人のコラボレーションになり、各巻の巻末には関係者からの貴重な文章が寄せられました。出版はローマ書三巻、コリント書三巻、論文集二巻、ガラテヤ書二巻という順でしたが、最初から最後までリトンの大石昌孝さんにはお世話になりました。改めて感謝を申し上げたいと思います。

この十巻には小川先生が五十年をかけて読み解いてきたパウロの「ピスティス」理解が息づいています。天地が揺れ動こうとも決して揺るがないもの、それが「神の〈まこと（ピスティス）〉」。「ピスティス」

というギリシャ語は通常「信仰」と訳されますが、先生はそれを〈まこと〉と訳し、「第一義の〈まこと〉」と「第二義の〈まこと〉」を峻別するのです。神がご自身の〈まこと（ピスティス）〉をもって私たち人間に呼びかけ、私たちは自らの〈まこと（ピスティス）〉をもって神に応答する。イニシアティブは常に神の側にある。それは滝沢克己氏の「インマヌエル」とも響き合っています。パウロはローマ書一章一七節で「ピスティスからピスティスへ」と書きますが、先生は最初のピスティスを神のもの、第二のそれを人間のものと読み解く。新共同訳聖書では曖昧だったものが、聖書協会共同訳（二〇一八）では明確になりました。「神の義が、福音の内に、真実により信仰へと啓示されているからです」。

一九八〇年にルーテル神大（当時）に編入した私は小川先生の「宗教哲学」の講義に出会います。最初の二年間はバルトの『ローマ書』で私には難解なものでした。翌八二年の講義「現代日本のイエス・キリスト研究の検討」にある意味で目が開かれます。それはブルトマンの『イエス』、八木誠一の『イエス』、荒井献の『イエスとその時代』、田川建三の『イエスという男』、滝沢克己の『聖書のイエスと現代の思惟』を比較検討するという意欲的な講義でした。聖書は読む者の心を映し出す鏡であることを悟ることになりました。同時に「説教者」として私は、自己の思い込みを聖書に投影するのではなく、聖書自体に語らしめることが肝要であると知りました。「僕は間違っているかもしれませんよ。君たちは自分で聖書に当たってください」と繰り返された先生の声が私の耳に今でも残っています。

（二〇二二年七月号）

良心

「そこで、パウロは最高法院の議員たちを見つめて言った。『兄弟たち、わたしは今日に至るまで、あくまでも良心に従って神の前で生きてきました。』」（使徒二三・一）

パウロは「良心」を大切にしていました（使徒二三・一、同二四・一六、二コリント一・一二など）。それはギリシャ語で〝συνείδησις〟、英訳は〝conscience〟で、「共に知ること・共通認識」という意味。日本語の「良」というニュアンスはそこには含まれていません。しかし「良心」と言うと不思議にストンと私たちの腑に落ちるのです。私たちがルター派だからでしょうか。

一五二一年のルターのヴォルムス国会での弁明を想起します。「聖書の証言か明白な理由をもって服せしめられないならば、私は、私があげた聖句に服しつづけます。私の良心は神のみことばにとらえられています。……良心に反したことをするのは、確実なことでも、得策のことでもないからです。神よ、私を助けたまえ。アーメン。（私はここに立っている。私はほかのことをなしえない）」（徳善義和編著『マルチン・ルター――原典による思想と生涯』リトン、二〇〇四）。

私たちはしばしば「良心の呵責」を覚えることがあります。心がうずくのです。内面的な価値観に照らして事柄の可否や善悪を判断しているからです。私の神学校時代の卒論テーマは「告解（ざんげ告白）」。それは四つの部分から成ります。①痛悔（良心の呵責）、②告白、③償罪、④赦免（赦しの宣言）。①が良心の痛みです。私たちが見落としがちなのは、③「償罪」の部分。ルターの宗教改革運動の発端は「贖宥状（免罪符）」に関するものでした。それは諸聖人の功徳によって陰府における「償罪」を軽減するための「御札」でした。「牧会者（魂の配慮者）」であったルターは、それによって民衆の魂の救いがないがしろにされることに黙ってはいられませんでした。ただキリストの十字架と復活によって私たちの罪は贖われ、私たちは信仰によって神の前に義とされているのであって、他の何の行為も必要なかったのです。

マハトマ・ガンジーの「非暴力不服従」運動が大きな成功を収めたのは、それが英国人の「良心」に強く訴えたからでもありました。映画『ガンジー』にも壮絶な一場面として描かれていますが、何も持たずまっすぐ自分たちに向かってくる無抵抗な民衆を英国兵は次第に銃撃できなくなってゆきます。若くして英国に留学したガンジーは英国人の良識・良心を信じ、それに訴えるかたちで抵抗運動を展開したのです。相手がＡＩ兵器のように良心を持たないマシンだったら、それは功を奏することはなかったことでしょう。八月の平和月間に私たちが「良心」について考えることは意味あることと思います。私たち一人ひとりが、神と人の前で自らの良心に従って生きることができますように祈ります。地上に平和が来ますように。s.d.g.

（二〇二二年八月号）

突発性難聴

「わたしは、『あなたたちのために見張りを立て耳を澄まして角笛の響きを待て』と言った。」
（エレミヤ六・一七a）

六月五日（日）のペンテコステに不思議な体験をしました。早朝に目覚めると左耳にかなり大きくザァーッというホワイトノイズが聞こえていたのです。テレビの放送終了時のあの音です。「耳鳴り」でした。ペンテコステですから一瞬、聖霊が降って天とのチャンネルがつながり交信が始まったのかと思いました。それはパウロの言う「第三の天」（二コリント一二・二）体験だったのかもしれません。

翌日耳鼻科のクリニックに行くと外耳にも中耳にも鼓膜にも問題はなく、内耳の問題とのこと。診断は原因不明の「突発性難聴」。過労やストレス、睡眠不足などで起こりやすいそうです。四分の一は治り、四分の一はそのままで、残りは悪化するとのこと。聴力検査をしてもらうと左耳の聴力がかなり落ちていて、ちょうど人の声と重なる千ヘルツと二千ヘルツのあたりの音域が聴き取りにくい状態でした。ステロイド薬の処方を受けて一週間後に再検査。処置が早く、祈りが聴かれたのでしょう、聴力も元に戻り耳鳴りもほとんど聞こえなくなりました。「幸運な二五％」に入ったのです。耳鼻科医の教会員からは「くれぐれも安静に」とアドヴァイスを受けました。この体験から改めて自分の身体からの声を聴くことの大切さを知らされました。妻からの「安静、安静」という言葉が、私にどこかやましい気持ちがあるせいでしょうか、「反省、反省」に聞こえて苦笑いした次第です。今回の経験を通して聴覚で苦労しておられる方々が少なくないことをも知りました。

この「議長室から」の主題は「聴」です。「耳と目と心を一つにし、それを十分に用いて王（＝神）の命に従う」というところにあります。今回、耳鳴りによって人の声がかき消されてしまうことには困惑しました。それは日蝕や月蝕同様に、「神の蝕」状態でした。七月十八日に聖公会の修養会で「老い」について話す機会がありました。その後半には三人一組での分団の時間がありました。ある分団では三人のうち二人が最近「大動脈解離」から回復されたという貴重な体験をお話ししてくださいました。同じ部屋の中でいくつもの分団が同時進行していますのでその単語がなかなか聴き取れず、二度確認してようやく分かりました。今まで気づかなかっただけかもしれませんが、私にとっては初めての「耳が遠くなる」体験でした。今「難聴」になることを怖れている自分がいます。母が晩年によく私に「譲治、歳を取るということは大仕事なのよ」と言っていたことを思い起こします。向こう側から届けられる声の響きにこれまで以上に耳を澄ませてゆきたいと念じています。

（二〇二二年九月号）

solus Christus（キリストのみ）
――キリストの現臨のみ

「約束がイエス・キリストの真実によって、
信じる人々に与えられるためです。」（ガラテヤ三・二二b、聖書協会共同訳）

「一点突破全面展開」（鈴木浩）。この言葉は私たちの教会のアイデンティティをよく表しています。ルーテル教会は常に中心を明確にしようとする教会です。「五つのソラ」と呼ばれる宗教改革原理も然り。信仰のみ・恵みのみ・聖書のみ・キリストのみ・ただ神に栄光のみ。外的奉仕のための内的集中です。一点で突破し全面で展開するのです。

今年も宗教改革を覚える十月、自分の原点を確認する時となりました。今回はＪＥＬＣ『第七次綜合宣教方策』で強調される「牧会」（英語でPastoral Care、独語でSeelsorge）に焦点を当てたいと思います。牧会とは羊飼いが羊の世話をすることで（ヨハネ二一章）、聖職者が「牧師Pastor」と呼ばれるのもその牧会的な働きが重視されるからです。しかし真の牧者は主イエス・キリストただお一人のみ。私たちには迷子の羊が出ないように群れの周囲を走り回る「牧羊犬的な働き」が求められています。そこから「全信徒祭司性」とは「全信徒牧会者性」と理解することができましょう。教会は復活の主から全信徒が相互的な「魂の配慮」という大切な使命を託されているのです。

ルターが始めた宗教改革運動。それは様々な次元で展開されましたが、基調音は牧会にありました。人々の魂の救いの問題（贖宥状）に関して始まり、礼拝改革や教育改革など一貫して牧会的に展開されていったのです。そのことは石田順朗先生の『牧会者ルター』（日本キリスト教団出版局、二〇〇七）やT・G・タッパートの『ルターの慰めと励ましの手紙』（内海望訳、リトン、二〇〇六）等に明らかです。

ルター自身も自らの魂の平安を得ようと聖書（特に詩編やパウロ書簡）と実存的に格闘し続けました。突然、詩編一五〇編すべてが「キリストの祈り」として理解され、神の義とはみ子を賜った神からの一方的な恩寵であることを知ります。ルターは「突然天国の門が開けて、自分が全く生まれ変わったように感じた」のです（塔の体験）。それは彼がキリストの現臨《リアル・プレゼンス》に捉えられた、主体のコペルニクス的転換の体験でした。第二の「シュトッテルンハイム落雷体験」とも呼び得ましょうか。

Solus Christus! 説教でも牧会でも礼拝の司式（聖礼典の執行）でも、文筆活動でも教会管理でも、すべては中心で働いておられる「キリストの現臨・リアリティ」をどう共有できるかにあります。インマヌエルの主が常に共にいて、深い憐れみをもって私たちの魂を配慮してくださる。それこそが私たちの慰めと励まし、そして喜望の源泉なのです。

（二〇二二年十月号）

メメント・モリ

「わたしは復活であり、命である。わたしを信じる者は、死んでも生きる。」（ヨハネ一一・二五）

「メメント・モリ」（死を覚えよ）。中世ヨーロッパの修道院で日々交わされていた挨拶です。私たち人間の生は有限であり、生と死は表裏一体です。死を想うことは生を想うことでもありましょう。私はそれを「今ここを大切に生きよ（carpe diem）」という言葉と併せて理解しています。十一月は死者を覚える月。死者の魂に平安を、ご遺族に天来の慰めをお祈りいたします。

九月十七日、オンラインで開かれた日本臨床死生学会で一人の緩和ケア医の講演を聴く機会がありました。二年前に末期ガンと診断された関本剛医師は『がんになった緩和ケア医が語る「残り二年」の生き方、考え方』（宝島社、二〇二〇）を出版。関本医師は講演の中で、ジャック・ニコルソンとモーガン・フリーマンが主演した映画『最高の人生の見つけ方』（原題は「バケツリスト」＝「棺桶リスト」）を紹介。そこから学んだこととして自分のしたいことをリストアップします。自分が生きた証を残すことをメインに据えて、「動けるうちにしたいこと」「動けなくなったら」の二つを挙げられました。前者には「できるだけ稼ぐ（自分が楽しむために&家族が路頭に迷わないために）」「家族と一緒に過ごす時間を楽しむ」「自分が生きた証しを残す（書籍・動画）」「自分の葬式の段取りをする」「大切な人に出来るだけ多くのメッセージを残す（動画）」「大切な人に直接感謝を伝える」「『もしもの時に家族が困らないセット』を準備する（動画）」「友人、知人に感謝を伝える」「良い酒（ワイン）を飲む」「スキーを楽しむ」「キャンプを楽しむ」「音楽（バンド活動）を楽しむ」と具体的に記します。後者は「意識がはっきりしていれば」と「いなければ」の二つに分け、前半には「撮りためた海外ドラマや映画を一日中見続ける」「家族と一緒の時間を楽しむ」「大切な人に直接感謝を伝える」、後半には「妻や子どもたちのしたいように……（負担にならぬよう）」と記す。そして最後にはこうありました。「生殺与奪はその時の家族の気持ちにまかせる（症状緩和がなされているのが条件）」。緩和ケア医として多くの命を看取ってきた経験を踏まえて記されたそれらの言葉には重みがありました。今年四月十九日に関本医師は四十五歳で帰天され、受洗されていたカトリック教会で家族葬が行われました。合掌。

信仰の立場からはそこに「メメント・クリスティ」（復活のキリストの想起）を加えたいのです。死は終わりではなく墓は終着駅ではない。復活の光の中で愛する者と再会できることを信じています。

（二〇二二年十一月号）

天使の取り分　Angels' Share

「すると、突然、この天使に天の大軍が加わり、神を賛美して言った。『いと高きところには栄光、神にあれ、地には平和、御心に適う人にあれ』」（ルカ二・一三〜一四）。

クリスマスが近づくと天使に思いを馳せることが多くなります。ある方が教えてくださったユッタ・バウアーの『いつも　だれかが…』という素敵な絵本があります（上田真而子訳、徳間書店、二〇〇二）。その扉の裏にはこうありました。「うれしいときもかなしいときもいつもだれかがそばにいた。あぶないときにはたすけてくれた…」。幸運だった一生をふりかえる祖父と、その話に耳をかたむける孫と、ふたりを『見守る存在』とを描いて、ヨーロッパを感動の渦にまきこんだ話題の絵本」。見えない天使が私たちを見守ってくれているのです。

ボンヘッファーの賛美歌『善き力にわれかこまれ』もやはり天使の守りを歌ったものと知りました（讃美歌21四六九番）。「善き力にわれかこまれ、守りなぐさめられて、世の悩み共にわかち、新しい日を望もう。輝かせよ、主のともし火、われらの闇の中に。望みを主の手にゆだね、来たるべき朝を待とう。善き力に守られつつ、来たるべき時を待とう。夜も朝もいつも神はわれらと共にいます」（一、四、五節）。ここで「善き力」とは天使を意味しています。

クリスマスは万物を一新させる神の再創造の始まりの時でもあります。そこに点された光は今もこの世の闇に輝き続けています。どのような深い闇も悲しみも絶望も、神によって与えられたイエス・キリストというこの希望の光を消すことはできません。もし主の御降誕がなかったとしたら幾多ものすばらしいクリスマス・キャロルは誕生しなかったでしょう。私たちが天使の歌声に耳を澄ませることもなかったはずです。そう思うとさらに感謝したくなります。クリスマス・キャロルにより私たちに不思議な力と慰めが与えられるからです。讃美を通して私たちも参与できるのです。

サントリー白州蒸留所を訪ねた時、樽の中で熟成されるウィスキーは毎年数パーセントずつ減ってゆくと聞きました。職人さんたちはそれを「天使の取り分 Angels' Share」と呼んでいるそうです。なかなか粋ですね。そのような長いプロセスを経てやがて琥珀色の液体が生まれてゆく。私は思います。私たち人間も成熟の課程において Angels' Share の喜びに与っているのだと。福音の告知は無数の天使たちの喜びに裏打ちされています。お一人おひとりに祝福をお祈りいたします。メリー・クリスマス！

（二〇二二年十二月）

sola scriptura（聖書のみ）
――我ここに立つ

「静まれ、私こそが神であると知れ。」（詩編四六・一一）

新年おめでとうございます。主の新しい年が始まりました。天よりの祝福を祈りつつ、ご挨拶させていただきます。

新年に示された聖句は表記のみ言葉です。英語で言えば〝Be still, and know that I am God.〟（四六・一〇、ＲＳＶ）〝still〟とは動きのない制止状態、静寂の状態を指しています。嵐の中でも舟で安らっておられた主の姿を想起します（マタイ八・二四）。そこには父と子との完全な信頼関係がありました。

詩編四六編はこう始まります。「神は我らの逃れ場、我らの力。苦難の時の傍らの助け。それゆえ私たちは恐れない。地が揺らぎ山々が崩れ落ち、海の中に移るとも。その水が騒ぎ、沸き返り、その高ぶる様に山々が震えるとも」（一～四節）。疫病や戦争、天変地異の中にあっても私たちはどこまでも神のみ言葉に依り頼みます。聖書は告げます。「草は枯れ、花はしぼむ。しかし、私たちの神の言葉はとこしえに立つ」（イザヤ四〇・八）。主も言われます。「天地は滅びるが、私の言葉は決して滅びない」（マタイ二四・三五）。

ルター作曲の『ちからなる神はわが強きやぐら』（教会讃美歌四五〇番）は詩編四六編に基づいています。その二節には詩編には出てこない主の名が刻まれています。「いかで頼むべきわが弱きちから。我を勝たしむる強きささえあり。そはたれぞや。我らのため戦いたもう、イエス・キリスト、万軍の主なる神」。これはルター自身の信仰告白でもありました。生ける「神の言」である主が片時も離れずに自分と共にいてくださる。そのような主の現臨がルターを捉えて放さなかったのです。

この新しい年はどのような年となるでしょうか。先は見通せません。しかしどのような一年となるとしても私たちは知っています、主が共にいますことを。主のみ言葉と主との信頼関係はとこしえに揺らぐことはありません。イエスが十字架上で「わが神、わが神、なぜ私をお見捨てになったのですか」と叫ばれた時にも、父と子の信頼関係は揺らぐことがありませんでした（マタイ二七・四六）。だからこそ私たちは静まって主こそ神であることを知ることができる。真実の信仰に生きる者は強い。困難に打ち倒されても神のみ言葉によって繰り返し再起してゆくことができる。パウロと共にこう告白したいのです。「私たちは、四方から苦難を受けても行き詰まらず、途方に暮れても失望せず、迫害されても見捨てられず、倒されても滅びません」（二コリント四・八〜九）。在主。

※文中の聖句は全て聖書協会共同訳より引用。

（二〇二三年一月号）

ご縁

――事実は小説よりも奇なり

「神のなされることは皆その時にかなって美しい。」（伝道の書三・一一、口語訳）。

「自分はキリストと出会った仏教徒」とはカトリックの押田成人神父の言葉です。そこまで私は言えないのですが、個人的には仏教哲学を深く尊敬しています。それは二人の僧侶とご縁があったからです。一人は学生時代の恩師、サンスクリット大家の鎧《よろい》淳《きよし》先生（一九三〇～二〇一五）。東大卒業後に欧州に渡りユネスコの仕事などをしながらオランダで研鑽を積まれました。驚いたことに先生は、欧州でラジオから流れる諸言語が分からないのは悔しいとすべてをマスターされたそうです。私のルーテル神大編入時には東大宗教学科の後輩・清重尚弘学長に紹介の労を取ってくださいました。その合格を喜んだ先生が話してくださったことも驚きでした。最初先生は医学部にいたそうですが、キリスト教の伝道者と出会って「魂の医者」になろうと神学校に入った。しかし結局宗教学科に入り直して仏教を学ぶことになった。引退したらどこか田舎で薬草院を開きたいということでした。友人経由で昨年五月に東神大に調べてもらったところ、確かに一九四八年の「日本基督教神学専門学校」（翌年東神大に改組）に鎧氏の入学記録はあるけれど卒業記録はないとのこと。インターネットで調べると当時その予科は鷺ノ宮の路帖神学校の地にあったようです。もしそうならば先生と私には既に不思議な接点があったことになりますね。

もう一人は私の親族。私の父は大阪吹田の出身なのですが、私の従姉妹はスキー場で出会った方と恋に落ちて結婚。お相手は高野山僧侶の後藤太栄さん（一九五七～二〇一〇）。高野山は弘法大師が千二百年前に開いた真言密教の聖地で、太栄さんは高野町長としてユネスコ世界文化遺産登録のため東奔西走（二〇〇四年に登録）。私たち家族は二〇〇九年八月にその宿坊・西禅院に泊めていただきました。精進料理と美しい庭園が印象に残っています。朝のお勤めに参加後、従姉妹の案内で奥ノ院に祖父母の墓参りをしました。そこで太栄さんが難病ＡＬＳであることを知ります。韓国の新薬を頼まれ妻の親族を通して手配することになりました。その冬に御礼を兼ねてむさしの教会にご夫妻で来訪されました。牧師館で伺った志半ばでの「無念です」という太栄さんの言葉は忘れられません。最後に「お参りさせてください」と礼拝堂の聖卓前で祈った後に帰ってゆかれました。翌年十月に遷化。合掌。実はこれには後日談があります。毎年私は上智大学グリーフケア研究所で秋にキリスト教人間学を数コマ担当しているのですが、昨年十月の三十五名の受講生の中になんとそのお嬢さん、私の従姉姪《いとこめい》がいました。この広い世界でこのような不思議なご縁があるとは……。まことに「事実は小説よりも奇なり」ですね。

「何事にも時があり、天の下の出来事にはすべて定められた時がある。」（コヘレト三・一）

（二〇二三年二月号）

soli deo gloria（ただ神に栄光のみ）
――徳善義和先生を覚えて

「わたしたちの父である神に、栄光が世々限りなくありますように、アーメン。」（フィリピ四・二〇）

今年一月三日、徳善義和先生が九十歳で天に召されました。一九八〇年の神大編入以来、石居正己先生と徳善義和先生から私は実に多くのものを学ばせていただきました。奇しくも後にむさしの教会の牧師としてもお二人からバトンを受け継ぐことになります。

詳細なプロフィールは『ルター研究第八巻』（定年退職記念献呈論文集、二〇〇二）に譲ります。徳善先生は一九五四年に東大工学部、五七年に鷺ノ宮のルーテル神学校を卒業後、五九年JELC按手、稔台教会での牧会と留学を経て六四年専任講師、七三年に教授に就任。二〇〇二年の退職までの四十年近く、ルターがよみがえったように生き生きと語られる先生の「徳善節」は大変に有名でした。また、先生のエキュメニカルな領域での貢献も忘れることはできません。国際的にも国内的にも先生は常にカトリック・ルーテル・聖公会の共同委員会の中心であり、二〇一四年十一月三十日の「エキュメニズム教令五十周年」記念の三教会合同礼拝では説教者を務められました（於東京カテドラル聖マリア大聖堂）。一九九七～

二〇〇〇年には日本キリスト教協議会議長。二〇一二年には岩波新書で『マルティン・ルター――ことばに生きた改革者』を出版。幅広い貢献から二〇一四年にはキリスト教功労者顕彰を受彰されています。

私には三つの忘れ難い逸話があります。神学生時代、未熟な私は先生から約束の重要性について厳しく指導されたことがあります。どこまでも約束とは相互的なものであって、相手はその時間を調整して待っている。そこには社会的な責任があるのです。赤面の至りでした。二つ目は、私たち夫婦の国際結婚のビザ切替え時に入管にまで足を運んでくださいました。有り難いことです。三つ目は一九九七年の春、むさしの教会への着任が決まった直後でした。留学先のフィラデルフィアまで足を運んでくださり、三人の子どもに牧師館の間取りを示して歓談してくださったのです。子どもたちは大喜びです。その際にラジャシェカー教授からの〝magna cum laude〟という私の卒論に対する評価を伝えてくださったのも先生でした。それは今でも私の大切な原体験になっています。そのように要所々々で先生は深く関わってくださった。それは恐らく私だけではありますまい。先生は常に一人ひとりをしっかりと温かく観ておられました。その意味でも先生は優れた教育者であり牧会者でした。登世子夫人にもいのちの電話でお世話になりました。ありがとうございました。s.d.g.

（二〇二三年三月号）

「共死」の覚悟に裏打ちされた愛

「ところが、まだ遠く離れていたのに、父親は息子を見つけて、憐れに思い、走り寄って首を抱き、接吻した。」（ルカ一五・二〇b）

イースターおめでとうございます。ある新聞記事をご紹介させてください。

「斎藤強君は中学一年の時から不登校になる。まじめで、ちょっとしたつまずきでも自分を厳しく責めた。自殺を図ったのは二十歳の春だった◆ガソリンをかぶった。精神科医の忠告で彼の行動を見守っていた父親は、その瞬間、息子を抱きしめた。自らもガソリンにまみれて叫ぶ。「強、火をつけろ」。抱き合い、二人は声をあげて泣き続けた◆一緒に死んでくれるほど、父親にとって自分はかけがえのない存在なのか。あの時生まれて初めて、自分は生きる価値があるのだと実感できた。強君は後にこの精神科医、森下一さんにそう告白する◆森下さんは十八年前、姫路市に診療所を開設、不登校の子どもたちに積極的に取り組んできた。彼らのためにフリースクールと全寮制高校も作り、一昨年、吉川英治文化賞を受賞した◆この間にかかわってきた症例は三千を超える。その豊富な体験から生まれた近著〈「不登校児」が教えてくれたもの〉(グラフ社)には、立ち直りのきっかけを求めて苦闘する多くの家族が登場する◆不登校は親へのさい疑心に根差している。だから、子どもは心と体でまるごと受け止めてやろう。親子は、人生の大事、人間の深みにおいて出会った時、初めて真の親子になれる。森下さんはそう結論する。」(編集手帳、『読売新聞』二〇〇〇年十月二十九日朝刊、一頁)

命賭けで息子を守ろうとする父親の必死の思いが伝わってきます。その背後には長年不登校で苦しんできた強くんに寄り添った周囲の忍耐強い愛があったことを見落とすことはできません。ご両親と森下医師は十三歳から二十歳までの七年間、強くんと共に苦しみの中を歩んできたのでした。そうであればこそ時を得てその愛が伝わったのです。森下一さんは言います。「共生の思想は共死の思想に裏打ちされていなければならない」。ハッとさせられます。

主の十字架を見上げる時、私はこの言葉を想起します。あの十字架の出来事には絶望の果てに死のうとする私たち一人ひとりをひしと抱きとめてくださったキリストの愛が示されている。その愛は共死の覚悟に裏打ちされていた、天地が揺らいでも決して揺るぐことのない真実のアガペーの愛でした。私たちはどのような時に悔い改めの涙を禁じ得なくなるのでしょうか。放蕩息子の父親の姿に明らかなように(ルカ一五・二二〜二四)、それは私たちが真実の愛に触れた時でありましょう。共死の覚悟に裏打ちされたイエスの愛こそが、私たちをその存在の根底から涙の中において日々新たにしてくださるのです。（二〇二三年四月号）

羊飼いキリスト

「主は私の羊飼い。私は乏しいことがない。主は私を緑の野に伏させ、憩いの汀《みぎわ》に伴われる。主は私の魂を生き返らせ、御名にふさわしく、正しい道へと導かれる。」（詩編二三・一〜三、聖書協会共同訳）

二〇一八年八月号から始まった「聴《きく》議長室《ぎちょうしつ》から」も今回が最終回。五年間で五十八回書かせていただきました。これまでのお支えとお祈りに感謝いたします。

最初から、最後は詩編二三編について記すと決めていました。この詩編を愛唱聖句とされている方も少なくないことでしょう。葬儀や記念会でもよく読まれる味わい深い詩編です。前任地のむさしの教会の礼拝堂には米国製の羊飼いのステンドグラスがありました。二〇〇八年の耐震補強工事を経て、今も木造の礼拝堂正面に美しく輝いています。『東京の名教会さんぽ』（エクスナレッジ、二〇一七、八五頁）にも掲載されています。ステンドグラスは「眼で見る説教」ですが、この羊飼いのステンドグラスは見ているだけで深く慰められます。どの角度から見ても羊飼いに見つめられているように見えるから不思議です。

「真の羊飼いはただキリストのみ。牧師は迷子の羊が出ないように群れの周りを走り回っている牧羊犬のようなものです」（賀来周一語録）。言い得て妙ですね。「牧師も羊の一匹です」と語る先生もおられます。確かに私たちルーテル教会では牧師も信徒の一人です。「全信徒祭司性」を私は「全信徒牧会者性」として捉え、「信徒相互牧会」を教会形成の中で積極的に位置づけたいと願ってきました。信仰共同体としての教会は、主日は礼拝のために「一つに集められた（オンラインでつながる人も含めると「一つに結び合わされた」と言うべきかも知れません）共同体」ですが、月曜日から土曜日までは信徒一人ひとりがそれぞれの場に派遣され「散らされた（ディアスポラの）共同体」です。集められている時も散らされている時も、顕在と潜在を通して私たちはキリストを頭とする一つのキリストのからだなのです。

ボンヘッファーの『共に生きる生活』を想起します。「神は、われわれがその生けるみ言葉を、兄弟の証しを通し、人間の口を通して、求めまた見出すことを望み給う。……自分の心の中のキリストは、兄弟の言葉におけるキリストよりも弱いのである」（ボンヘッファー著『共に生きる生活』森野善右衛門訳、新教出版社、一九七五、一〇頁）。神は私たち一人ひとりの具体的な声を通してキリストの声を伝えようとしておられます。これこそ信徒による相互牧会であり、羊飼いキリストご自身による魂の配慮です。主こそわが牧者、私には乏しいことがない。私たちがこのような聖徒の交わりの中に置かれていることを心から感謝しつつ、筆を置かせていただきます。

「主を喜び祝うことこそ、あなたたちの力の源である。」（ネヘミヤ八・一〇、新共同訳）

（二〇二三年五月号）

「めげないでいること」

「そのとき、何者かが夜明けまでヤコブと格闘した。ところが、その人はヤコブに勝てないとみて、ヤコブの腿の関節を打ったので、格闘をしているうちに腿の関節がはずれた。『もう去らせてくれ。夜が明けてしまうから』とその人は言ったが、ヤコブは答えた。『いいえ、祝福してくださるまでは離しません。』『お前の名は何というのか』とその人が尋ね、『ヤコブです』と答えると、その人は言った。『お前の名はもうヤコブではなく、これからはイスラエルと呼ばれる。お前は神と人と闘って勝ったからだ。』」（創世記三二・二五〜二九）

創世記三二章にはヤコブが何者かと朝まで格闘する場面が出てきます。それは実は神との格闘でした。夜明け頃になってもその格闘は続きますが、ヤコブは「祝福を得るまでは」としぶとく相手を放そうとしません。彼はそこで「神と人と闘って勝つ」という意味を持つという「イスラエル」という新しい名を神から与えられてゆくのです。しかしよく読んでみると、ヤコブは決して「神と人」とに「勝った」とは言えません。せいぜい「引き分け」であり「負けなかった」だけなのです。しかし神はそれを「ヤコブの勝利」と宣言されている。これはとても重要なことだと思われます。

私たちも人生の中で様々な格闘を体験します。昨年から私たちはＣＯＶＩＤ‐19と先の見えないしんどい格闘を続けてきました。ワクチン接種は始まりますが、まだまだ終息は見えません。聖書はそんな私たちに、「引き分けでよい。勝たなくてもよい」と告げているように思うのです。どのような状況に置かれても、しぶとくしなやかに、そしてめげずに耐え抜くこと。それを聖書は教えているのです。同時に聖書は私たちに、キリストにおける「再起（復活）の希望」を告げています。必ずこの状況もいつかは終わりを迎える。明けない夜はないし、雨後の陽光の中に虹は出現するのです。そして、この格闘は孤立無援の闘いではありません。世界中が連帯して祈り合い、励まし合いながら格闘が続けられている。そのような祈りのネットワーク（網仕事）の中で、私たちもめげることなく、共に祈りを合わせてゆきたいのです。皆さまの上に祝福をお祈りいたします。

（日本福音ルーテル教会『女性会連盟会報』１６２号、二〇二一年四月一五日発行より）

二〇二一年度　年頭所感

「希望というワクチン――ＣＯＶＩＤ‐19下での宗教者の役割」

日本宗教連盟理事長　大柴　譲治

二〇二〇年二月以来、私たちはＣＯＶＩＤ‐19パンデミック下で自らの無力さと限界を深く味わってきました。その中で「宗教者」に託されている大切な使命に思いを巡らせてきました。それは「祈ること」と「希望を指し示すこと」です。

ウィルスと格闘しておられる方々の上に守りと支えを、亡くなられた方々の上に魂の安息を、悲嘆にくれる方々のために天来の慰めをお祈りいたします。人類の歴史は感染症との闘いの歴史でした。このパンデミックも必ず終息の時を迎えることでしょう。一日も早い終息を祈ります。今しばらくの辛抱が必要でしょうが、しぶとくしなやかに、めげずに賢く時を過ごしたいと念じています。

ユダヤ人精神科医のヴィクトール・フランクル（一九〇五〜九七）はその強制収容所体験を記した『夜と霧』の中で、最初に倒れていったのは体力のない人々ではなかったと報告しています。希望を見失った人、絶望した人から先だったと。人間が不条理な苦しみを耐え抜くためにはどうしてもそこに希望と生きる意味とが必要だと述べるのです。彼自身の姿が重なっているように思いますが、そこには「天と契約を結んだ男」の話が出てきます。男は自分の苦しみを神への犠牲として捧げ、代わりに自分の家族のために神の祝福を願っている。神と契約によって彼は不条理で無意味な苦難に意味を賦与したのでした。フランクルはこう語ります。私たちが人生の意味を問うのではない。人生の方が私たちに「どのような意味をあなたはそこに見出すのか」と問うのだと。彼は戦後、生の意味の探求をその中核に置く「ロゴセラピー（実存分析療法）」を展開してゆきます。彼は既に戦前にそれを確立していて、収容所体験が結果として裏打ちすることになったのでした。

私たちは希望の光があればこそ苦難の長い闇を忍耐することができる。希望とは「生きることの意味」であり「生きがい」のことです。夢中になれるものを持つ時に私たちの免疫力は高められてゆきます。それを「希望というワクチン」と呼び得るでしょうか。

（日本宗教連盟『日宗連通信』二〇二二年二月十日発行より）

「世界を動かす力、それは希望である。」（マルティン・ルター）

日本宗教連盟 理事長・日本キリスト教連合会 委員長
日本福音ルーテル教会（ＪＥＬＣ）総会議長

大柴 譲治

この二年余、私たちはＣＯＶＩＤ-19パンデミックとの格闘の日々を過ごしてまいりました。祈りつつ、手探りで自分たちにできることを懸命に行ってきたように思います。一日も早いパンデミックの収束を祈ります。また、この二月末よりはウクライナでロシアの軍事侵攻が始まり、私たちは断腸の思いで毎日を過ごしてまいりました。「原発への攻撃」「核兵器使用の可能性」「第三次世界大戦」という恐ろしい言葉まで聞こえてきます。いつまでこの状況が続くのか。一方的な暴力によって他者の自由と独立とを損なうことは何人にも許されません。

二〇二一年八月四日の「比叡山宗教サミット三十四周年記念・世界平和祈りの集い」（オンライン）、十月十九日の「アジア宗教者平和会議（ＡＣＲＰ）」（オンライン）、十一月二十四日の「世界宗教者平和会議（ＷＣＲＰ）創設五十周年記念式典」（対面＝於国立京都国際会館）に参加させて頂きました。これまで五十年に渡ってその尊い働きに参与してこられた方々に心より敬意を表し、感謝を捧げます。ＡＣＲＰでは竹村真一氏、ＷＣＲＰでは人類学者の山極壽一氏と宇宙飛行士の山崎直子氏の講演から多くを学ばせていただきました。ＷＣＲＰで私は祝辞の中で「宗教家・信仰者は一千年を視野に入れて、今ここを生きなければならない」という故相馬信夫主教（一九一六～九七。カトリック正義と平和協議会）の言葉をご紹介させて頂きました。山極氏は百万年単位での生物の進化を、山崎氏は数億光年単位での宇宙の成立についてお話しくださり、そのスケールの大きさに改めて驚かされました。同時に「今ここ」を大切にし、多様性を認め合いながら、平和を求めて生きる宗教者の使命についても考えさせられています。

ウクライナ危機のさなかにおいて、私たちは今こそ、祈りと希望に生きなければなりません。ＪＥＬＣとＷＣＲＰ日本委員会は三月二日に、日本宗教連盟も三月四日に、その事態を憂慮し、暴力の行使に強く反対の意を公に表明いたしました。世界中で人道支援の輪は拡がっています。ＡＣＲＰの祝辞でも触れたことですが、二〇一一年三月十一日の際には世界中から寄せられた“Pray for Japan”という祈りと支援の輪に支えられたことを、心よりの感謝をもって想起いたします。どれほど私たちはそれによって大きく支えられてきたことか。一刻も早い殺戮の停止と和平の実現のために、私たちも祈りと力を合わせてまいります。この祈りのネットワークが世界を動かす力となりますように。「世界を動かす力、それは希望である」（ルター）。“Let us pray for Ukraine.”

（世界宗教者平和会議日本委員会『ＷＣＲＰ会報』二〇二二年四月号より）

参照聖句一覧

〈旧約・続編〉

〈その他〉

あとがき

「草は枯れ、花はしぼむが、わたしたちの神の言葉はとこしえに立つ。」(イザヤ四〇・八)

この書物は私が、二〇一八年五月の日本福音ルーテル教会全国総会で総会議長として選出されてから、五年ぶりに開催された二〇二三年五月の全国総会で任期を満了するまでの間、機関誌『るうてる』に毎月掲載された議長コラムが基になっています。二〇二〇年初頭からはCOVID―19の世界的なパンデミックが始まり、それまでの一年半とそれ以降の三年半では全く状況が異なりました。それぞれの場で私たちは、これまで経験したことのない困難な状況の中に置かれたのでした。それまで二年毎に開かれていた全国総会も結局五年間開かれることはありませんでした。その結果私は議長として変則的に一期五年の任を果たしたことになります(通常は二期四年または三期六年となります)。困難な時期に、副議長・宣教室長の永吉秀人牧師、書記・事務局長の滝田浩之牧師をはじめとして、広報室長の李明生牧師(二〇一九年四月までは安井宣生牧師)、世界宣教主事の浅野直樹牧師、そして三人の事務局スタッフ(平野ゆみ・鮎川由美子・伊藤慈の各氏）と共に執行部を担ってくださった方々に心から感謝しています。そのコラボレイションを通して、何とかこの五年間を乗り切ることができたと思っています。中でも「神のみ言葉に聴く」という姿勢を貫くことができたことが、私自身を支えてきました。「聴《きく》」というタイトルの語は、私の中では「聞け《シェマー》、イスラエルよ」（申命記六・四）というみ言葉と重なり、響き合っています。今回改めて「聴」という字の中に「十」という字があるという重要性に気づきました。私たちは十字架の王であるイエス・キリストに、耳と目と心を一つにして聴いてゆくのです。

出版にあたっては見開きの二ページに収めるために加筆・修正を施しました。編集にあたってくださったリトンの大石昌孝さん、書を提供してくださった遠藤玲子さん（大阪教会員）、写真を提供してくださった瀬在洋子さん（むさしの教会員）と関満能牧師（大分・別府・日田教会牧師）に感謝いたします。英語に関してはルーテル学院のジェームズ・サック先生より貴重な示唆をいただきました。母教会の藤枝教会（現栄光教会）をはじめ、父が牧会してきた恵（現名古屋めぐみ）教会、静岡教会、岡山教会には多くの懐かしい思い出があります。また、私がこれまで牧会を担当させていただいた福山教会、むさしの教会、大阪教会の信徒の皆さんは私たち家族を支えてくださいました。交わりをいただいてきたるうてるホームの皆さまにも感謝しています。また、様々なかたちでリアクションをくださった「愛読者」の方々にも心より感謝いたします。この小さな本が福音宣教のために用いられますなら幸いです。

なお、聖書は原則として日本聖書協会新共同訳（一九八七）を用いました。また、日本聖書協会共同訳（二〇一八）、口語訳聖書、文語訳聖書をも用いさせていただいています。

最後に個人的なことをお許しいただきたいのですが、この本を私の二人の母・大柴節子（一九三〇年八月六日～二〇一七年十一月二十六日）と金福欄《きむぼくらん》（一九二七年一月十三日～二〇〇六年八月二十六日）に感謝をもって献げさせていただきます。二人の母は私たちの結婚を、その最初から喜び、支え、祝福してくれました。

皆さまの上に天よりの祝福が豊かにありますようお祈りしています。

soli deo gloria.　大柴　譲治

著者紹介

大柴譲治（おおしば　じょうじ）

1957年、大柴俊和・節子の長男として名古屋に生まれる。金沢大学、日本ルーテル神学大学(現ルーテル学院大学)、日本ルーテル神学校卒。1986年に日本福音ルーテル教会（JELC）で教職按手。以降、JELC福山教会(1986-1995)、Lutheran Theological Seminary at Philadelphia(1995-1997、S.T.M.終了)、JELCむさしの教会（1997-2016）を経て、現在はJELC大阪教会牧師(2016-現在)。社会福祉法人るうてるホーム理事長・チャプレン(2016-現在)ならびに学校法人ルーテル学院理事長（2022-現在）を兼務。専門は牧会学（Poimenics/Pastoral Care）ならびに臨床牧会教育(Clinical Pastoral Education/CPE)。他にターミナルケア、グリーフワーク、スピリチュアルケア、カウンセリング等に広く関わる。日本ルーテル神学校・ルーテル学院大学非常勤講師(1999-2016)、キリスト教カウンセリングセンター（CCC）講師(2011-2016)、賛育会病院ホスピス非常勤チャプレン(2012-2016）等を経て、2014年より上智大学グリーフケア研究所に客員所員として関わる。日本スピリチュアルケア学会（認定スピリチュアルケア師「指導」資格 2016)と日本臨床死生学会に所属。また、JELC総会議長（2018-2023)、日本キリスト教連合会委員長（2022-2022)、日本宗教連盟理事長（理事2020-2021、理事長2021-2022）の責任を担う。文化庁長官表彰（2022)。

▪ **著書（共著）**

JELC宣教百年記念事業室（編)、森勉、重野信之、大柴譲治、太田一彦、森優『教会はキリストの体―宣教第2世紀へ向けてエフェソ書に学ぶ』JELC、1992。大柴譲治、賀来周一『聖書におけるスピリチュアリティー／スピリチュアルケア』キリスト新聞社、2011。石居基夫（編)、ウァルデマール・キッペス、窪寺俊之、賀来周一、大柴譲治『スピリチュアルペインとそのケア』キリスト新聞社、2015。

▪ **論文ほか**

「罪 guilt と恥 shame」、『ルター研究8』ルーテル学院大学、2002。「キリスト教人間学：牧会学と臨床牧会教育（CPE）の視座から見えてくるもの」、『グリーフケア8』上智大学グリーフケア研究所、2019。〈書評〉『ボンヘッファー説教全集1・2・3』(新教出版社、2004)、『ルーテル学院研究紀要』55、2022。「COVID-19下での悲嘆とそのケア」、『ルーテル学院研究紀要』56、2023。ほか。

聴《きく》　議長室から

発行日　2023年10月31日

著　者　大柴譲治

発行者　大石昌孝

発行所　有限会社リトン

101-0061　東京都千代田区神田三崎町2-9-5-402

TEL 03-3238-7678 FAX 03-3238-7638

印刷所　株式会社TOP印刷

ISBN978-4-86376-098-1